Karsten Khaschei

Mit Bildern von Max Fiedler

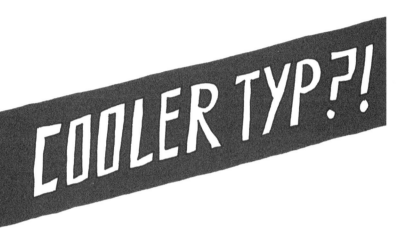

Das ultimative Testbuch für Jungs

Verlag Friedrich Oetinger • Hamburg

Für Ole und Leve,
die Härri bei schwierigen
Fragen hervorragend beraten haben

Originalausgabe
1. Auflage 2012
© Verlag Friedrich Oetinger, Hamburg 2012
Alle Rechte dieser Ausgabe vorbehalten
© Text: Karsten Khaschei
© Umschlag und Illustrationen: Max Fiedler
Druck und Bindung: CPI · Clausen & Bosse GmbH, Leck

Dieses Buch wurde auf FSC-zertifiziertem Papier gedruckt. FSC (Forest Stewardship Council®) ist eine nichtstaatliche, gemeinnützige Organisation, die sich für eine ökologische und sozialverantwortliche Nutzung unserer Wälder einsetzt.

Printed 2012
978-3-7891-8493-2

www.oetinger.de

Inhalt

Hey!	8
Du und deine Stärken. Welche Talente hast du?	10
☐ Auswertung	13
Kennst du deine Schokoladenseiten?	18
Du und die anderen	22
Wie wirkst du auf andere?	24
☐ Auswertung	27
Schüchtern oder cool	31
☐ Auswertung	33
Achtung, Privat-Territorium!!!	38
Von Komfortzonen und Mutzonen ...	42
Bist du ein guter Freund?	48
☐ Auswertung	51
Du und deine Familie	56
Rot wie eine Tomate ...?!	59
Familien-Stress? Ganz normal!	62
Diplomatisch sein: Verhandeln statt streiten	66
Wirst du schnell auf deine Geschwister eifersüchtig?	68
☐ Auswertung	71

Du und die Schule 74

Überlebensstrategien für die Schule 77

Körpersprache: Den eigenen Standpunkt behaupten 78

Was ist ein Pokerface? 85

Teamplayer oder Anführer – was ist dein Ding? 87

☐ *Auswertung* 90

Wer bestimmt eigentlich das Klassenklima? 93

Dazugehören – oder nicht ... 95

Ausgeschlossen sein 97

Wie hältst du's mit deinen Hausaufgaben? 98

☐ *Auswertung* 101

Lässig lernen 106

Was treibt dich an? 110

☐ *Auswertung* 112

Du und deine Gefühle 115

Erste Hilfe bei Streit, Wut und Tränen 117

Was tun bei Streit? 117

Was tun, wenn jemand wütend ist? 119

Und wenn die Tränen kommen? 121

Angst – und wozu sie eigentlich gut ist 123

Dumm gelaufen – und nun? 125

Schöne Gefühle ... 129

Kann ich nett sein? 131

☐ *Auswertung* 133

Das bin ich! 135
  Gesamtauswertung: Alle Tests im Überblick 135

Härris Nachtrag – ein Jahr später 140

Hey!

Ich bin Jan-Heribert. Ja, schon gut, kannst aufhören zu grinsen. Und dein Mitleid brauch ich auch nicht. Ich hab mich dran gewöhnt, dass ich so heiße.

Weil es in unserer Klasse drei Jans gibt, nennen mich alle Härri – mit einem ä und einem i. Also nicht Harry wie Potter, sondern Härri. Eigentlich ziemlich ätzend, aber was soll's.

Was es sonst noch über mich zu sagen gibt? Ich mag Cola und kalten Kakao. Am liebsten esse ich Reiswaffeln mit Schokolade, Pizza Hawaii und Blaubeer-Muffins. Ach ja, und demnächst werde ich 13 Jahre alt. Dann kriege ich endlich mehr Taschengeld.

Mein bester Freund ist Gilbert, unser Hund. Gilbert ist groß, zottelig und verschwiegen. Man kann ihm eigentlich alles erzählen. Er hört aufmerksam zu und wedelt mit dem Schwanz. Manchmal knurrt oder bellt er auch kurz. Und: Er stellt nie blöde Fragen!

Leider habe ich auch noch eine kleine Schwester, Anne-Sophie, die mich nervt. Und einen großen Bruder, Felix, der meistens total zum Kotzen ist, aber richtig gut Fußball spielt. Ich dagegen bin im Fußball eine Totalniete. Deswegen finden mich Felix und die Fußballcracks in meiner Klasse ziemlich uncool. Dafür bin ich ganz gut im Judo. Mein Trainer sagt dazu immer: »Jeder hat andere Talente!« Ich glaube, das stimmt. Kommt halt drauf an, was für ein Typ man ist. Ich hab allerdings zurzeit oft das Gefühl, ich bin mehrere Typen gleichzeitig; aber das ist vielleicht ganz normal. Dazu und zu jeder Menge anderem Kram machen wir in diesem Buch ein paar Tests. Let's go!

In diesem Buch findest du zehn verschiedene Tests, mit denen du dich selbst besser kennenlernst. Bei diesen Tests gibt es keine guten oder schlechten Ergebnisse, sondern einfach nur unterschiedliche Ergebnisse. Es geht darum, herauszufinden, wie du bist – nicht, ob du so bist, wie andere vielleicht glauben, dass du sein solltest!

Du und deine Stärken
Welche Talente hast du?

Kreuze einfach bei jeder Frage an, was am ehesten auf dich zutrifft. Das können, wenn du dich nicht entscheiden kannst, auch mehrere Antworten sein.

Du hast überraschend schulfrei und gehst mit zu einem guten Freund. Was macht ihr?
D Wir spielen Gameboy oder Computer.
B Wir reden über alles Mögliche.
A Wir hören uns eine coole CD an.
C Wir gehen raus, Fußball spielen oder so.

Ein Familientreffen, und dir ist soooo langweilig. Was rettet dich?
B Wenn mal einer etwas Spannendes erzählen würde.
A Wenn ich was zum Lesen dabeihabe.
C Wenn man dort ordentlich herumtoben könnte.
D Wenn ich Fernsehen gucken dürfte.

Du willst dein Zimmer verändern:
Womit fängst du an?

C Ich fange einfach an, alles umzuräumen.
D Ich weiß nicht, keine Ahnung.
A Ich mache einen Plan, was anders werden soll.
B Ich suche mir tolle Tapeten und ein cooles Bett aus.

Ihr macht Urlaub am Strand. Wie verbringst du deine Zeit am liebsten?

B Mit dem Sammeln von Strandgut, Muscheln oder Steinen usw.
C Am allerliebsten im Wasser oder mit Ballspielen am Strand
A Mit ein paar anderen coolen Jugendlichen
D Äh – woher soll ich das wissen?!

Wofür bist du Spezialist?

A Kopfrechnen
B Coole Sachen ausdenken oder bauen
C Laufen, springen, schwimmen usw.
D Ich glaube, ich kann nichts besonders gut.

Was, glaubst du, würden deine Mutter/dein Vater Typisches über dich sagen? Such zwei Sachen aus.

B Er hat viel Phantasie.
D Er ist manchmal so chaotisch.
A Er interessiert sich für alles.
C Er braucht viel Bewegung.
A Er ist ziemlich schlau.
D Er ist total unordentlich.
B Er packt gern mit an.
C Er hat ohne Ende Energie.

☐ Auswertung

Jetzt zählst du zusammen, welche Buchstaben du wie oft angekreuzt hast. Trag dein Ergebnis in die Kästchen ein. Unter den Buchstaben, die du am häufigsten angekreuzt hast, erfährst du mehr über deine Talente.

Summe: A ☐ B ☐ C ☐ D ☐

Typ A   Du hast Köpfchen!
Rätsel lösen, Pläne machen, neue Sachen überlegen oder herausfinden – das ist genau dein Ding! Du bist neugierig und findest es richtig toll, wenn du deinen Kopf anstrengen musst. Wahrscheinlich bist du gut in der Schule, oder? Sehr cool, du hast ein Talent, mit dem du fast alles lernen und erreichen kannst, was du willst.

Typ B   Du bist kreativ!
Du hast viel Phantasie und liebst spannende Geschichten. Wahrscheinlich sitzt du manchmal gern in deinem Zimmer, heckst irgendetwas Tolles aus und merkst gar nicht, wie die Zeit vergeht. Außerdem sammelst du gern ver-

schiedene Sachen, richtig? Wenn du dir etwas ausgedacht oder gebaut hast, bist du stolz. Kannst du auch wirklich sein, denn Kreativität ist eine besondere Gabe.

Typ C Du bist sportlich!

Wow, bei dir dreht sich viel um Schnelligkeit, Kraft, Geschicklichkeit, Ausdauer – in Sachen Sport macht dir so schnell keiner was vor. Da hast du was drauf, du bist ein richtiger Sport-Crack! Klar, ohne Training geht es nicht, aber auch da zeigst du, was in dir steckt: Disziplin nämlich. Du hältst dich an Regeln und beißt auch mal die Zähne zusammen, wenn etwas nicht gleich klappt. Da hast du echt Glück, Jungs wie du kämpfen sich überall durch!

Na, willst du wissen, wie ich im Test abgeschnitten habe? Also: Ich hab Köpfchen (2 Punkte) und viele ungeahnte Talente (3 Punkte), und außerdem bin ich auch noch kreativ (1 Punkt) und sportlich (1 Punkt). Ist doch eigentlich ein ganz cooler Mix, oder?

> Hm, 3 Punkte bei D, dann sollte ich jetzt wohl mal über meine ungeahnten Talente nachdenken. Also, was kann ich denn gut?

Typ D   Du hast viele ungeahnte Talente!
Hast du drei oder mehr Punkte bei D? Dann bist du wahrscheinlich gerade erst dabei, deine Talente zu entdecken. Und solange du noch nicht so richtig weißt, was du gut kannst und was dir Spaß macht, spielst du erst mal Gameboy, guckst Fernsehen oder machst einfach gar nichts. Die Sache ist: Jeder Junge entdeckt seine Talente auf seine Art! Wetten, du findest auch noch heraus, was du besonders gut kannst?

Härris Punktzahl: A | 2 | B | 1 | C | 1 | D | 3 |

Bist du auch ein Allround-Talent wie Härri?
Wahrscheinlich hast du auch eine Mischung aus verschiedenen Buchstaben angekreuzt, oder? Das bedeutet, dass du deine Fähigkeiten in ganz verschiedenen Bereichen entwickeln und trainieren kannst – in der Schule genauso wie in deiner Freizeit. »Allround-Talent« heißt, dass man verschiedene Sachen gut kann, also ein vielseitiger Typ ist. Manche Sachen kann man vielleicht etwas besser, andere ein wenig schlechter, aber alle Talente, die man hat, sind ausbaufähig.

Härris Talent-Liste:

1. Ich bin ein Crack auf dem Skateboard.
2. Ich kriege einen ganzen Blaubeer-Muffin in den Mund.
3. Ich kann Gitarre spielen.
4. Beim Judo bin ich in meiner Altersklasse Vereinsmeister.
5. Ich kann schielen und mit den Ohren wackeln.
6. Mir fallen immer wieder neue Ausreden ein, wenn ich zu spät in die Schule komme.
7. Ich weiß genau, wie ich meine kleine Schwester Anne-Sophie zum Heulen bringen kann.
8. Ich kann mir die wildesten Sachen ausdenken.
9. Gilbert hört auf mich!
10. Meine Oma sagt, ich bin sehr charmant (ich weiß allerdings nicht recht, ob ich das gut oder oberuncool finden soll).

Deine Talent-Liste:

1.
2.
3.
4.
5.
6.
7.
8.
9.
10.

Aus Spaß habe ich hier auch mal Gilberts Talent-Liste aufgeschrieben – weil er ein Hund ist, habe ich mich auf seine fünf herausragendsten Talente beschränkt:

Gilberts Talent-Liste:

1. Ist der beste Zuhörer überhaupt!
2. Stellt nie blöde Fragen.
3. Stinkt nur ganz selten.
4. Kläfft alle an, die ich nicht mag – vor allem unsere meckerige Nachbarin Frau Muppel.
5. Kann mindestens doppelt so viele Blaubeer-Muffins essen wie ich (das darf aber niemand wissen!!!).

Kennst du deine Schokoladenseiten?

Manchmal, vor allem, wenn's Stress mit den Eltern oder in der Schule gibt, ist man mit sich selbst ziemlich unzufrieden. Weil alle nur an einem herummeckern. Dann vergisst man fast, dass man ja trotzdem viele positive Eigenschaften hat – auch, wenn man gerade Mist gebaut hat ...

Überleg einfach mal: Was gefällt dir besonders gut an dir selbst? Welche besonderen Eigenschaften hast du? Jetzt geht es darum, dass du möglichst viele positive

Sachen über dich herausfindest oder an dir entdeckst – das sind deine Schokoladenseiten. Wenn du sie kennst, kannst du sie auch immer mal zeigen und damit bei anderen punkten. Auch bei Mädchen oder Lehrern.

Bist du cool, klug, schnell, lustig, sportlich, sensibel? Nimm dir einen Moment Zeit, um zu überlegen, was dich besonders macht. Was fällt dir ein? Trag es gleich hier unten in die Liste ein.

1.
2.
3.
4.
5.
6.
7.
8.
9.
10.
11.
12.
13.
14.
15.

Wenn deine Liste noch nicht voll ist, findest du hier rechts noch mehr positive Eigenschaften. Sind welche dabei, die auf dich zutreffen? Dann kannst du sie auch in deine Liste schreiben. Du kannst aber auch deinen besten Freund (oder deine Eltern oder Geschwister) fragen, was sie besonders an dir mögen. Lass dich überraschen.

Mann, ich wusste gar nicht, wie viele gute Eigenschaften es gibt. Das ist ziemlich cool. Meine Klassenlehrerin sagt ja immer, ich bin vorlaut und faul! Dabei bin ich doch in Wirklichkeit witzig, entspannt und experimentierfreudig ... finde ich zumindest!

99 tolle Eigenschaften
schnell klug wachsam unerschrocken hilfsbereit nachdenklich tapfer phantasievoll diplomatisch vorsichtig ehrlich einmalig frech aufgeweckt mutig besonnen rücksichtsvoll lustig gewissenhaft stark fair intelligent klar interessant liebenswert geschickt herzlich kreativ aufmerksam höflich siegesbewusst großzügig sozial kernig lebhaft gutmütig gerecht witzig charmant forsch gelassen kräftig originell kameradschaftlich hartnäckig entscheidungsfreudig amüsant schlagfertig tierlieb verträumt sportlich treu mitfühlend unternehmungslustig einfallsreich geschickt tonangebend verträglich zuverlässig diszipliniert tatkräftig flexibel friedlich ausgeglichen spaßig durchsetzungsfähig feinfühlig begabt aktiv ernst fröhlich verrückt bedächtig korrekt quirlig schlau energisch pünktlich entspannt abenteuerlustig vernünftig unbeirrt praktisch bescheiden experimentierfreudig respektvoll ehrgeizig sanft konsequent musikalisch verschwiegen gemütlich optimistisch vertrauensvoll entschlossen unabhängig zäh unkompliziert heiter

Du und die anderen

Jeder Mensch hat eine persönliche Ausstrahlung. Die kann freundlich sein – wenn jemand gern lächelt und Scherze macht. Unbekümmert – wenn jemand einfach drauflosredet und sich wenig Gedanken darum macht, wie andere das finden. Oder auch streng – wenn jemand selten lacht und fast nie etwas sagt. Eigentlich gibt es so viele Ausstrahlungen, wie es Menschen auf der Welt gibt.

> Eigentlich total irre, wenn man mal anfängt, auf die Ausstrahlung der Leute zu achten. Und manchmal auch gruselig. Pascal aus der 9 c zum Beispiel, echt brutal und finster, wie der einen angucken kann. Um den mache ich immer einen großen Bogen. Oder die Ausstrahlung von unserem Mathelehrer Herrn Matthäus. Ganz anders! So dick und rund wie eine Null, und total gemütlich und zufrieden, eigentlich immer ein happy Grinsen im Gesicht. Manche in meiner Klasse sagen, er ist eine Flasche, aber ich mag ihn eigentlich, er brüllt nie rum im Unterricht. Dafür ist er bei der Aufführung des Schulchores vor den Ferien eingeschlafen :-). Unsere Nachbarin von oben, Frau Muppel, die ist dafür umso grausiger! Meckert von morgens bis abends nur rum. Schrecklich! Ihre keifende Stimme hört man sogar durch die Decke. Mein Judo-Trainer hat dagegen 'ne echt coole Ausstrahlung, den bringt nichts aus der Ruhe. Er sagt im Training klipp und klar, wo's langgeht, und wer sich nicht daran hält, muss halt zehn Liegestütze machen ...

Die Ausstrahlung, die jeder Mensch hat, hängt natürlich von vielen Dingen ab: vom Aussehen und vom Alter. Davon, ob jemand ein Junge oder ein Mädchen ist. Wie man sich innerlich gerade so fühlt, und natürlich von der Tagesform. Wenn zum Beispiel dein bester Freund schlechte Laune hat, merkst du das wahrscheinlich ziemlich schnell, oder? Und dann versuchst du vielleicht, ihn aufzumuntern. Oder aber du gehst ihm aus dem Weg, bis er wieder bessere Laune hat.

Deine Ausstrahlung ist also keine feste Eigenschaft so wie deine Augen- oder Haarfarbe, sondern sie kann sich immer wieder ändern, und sie entwickelt sich ständig weiter.

Wie wirkst du auf andere?

Willst du mehr über deine Ausstrahlung erfahren? Dann kreuze einfach bei jeder Frage an, was du am ehesten tun würdest. Bei diesem Test musst du dich für eine Antwort entscheiden!

Du kommst morgens in die Schule und merkst erst, als alle lachen, dass du aus Versehen das T-Shirt deiner Schwester angezogen hast. Was denkst du?
- 2 »Na toll, wieso immer ich?«
- 1 »So ein Mist, der Tag ist für mich gelaufen!«
- 3 »Wenigstens habe ich meine eigenen Jeans an ...«

In deiner Klasse ist ein Neuer, der ziemlich angibt, aber vielleicht ist er ja trotzdem ganz okay. Wie verhältst du dich ihm gegenüber?
- 3 Ich frage ihn einfach mal, wo er wohnt und ob es ihm bei uns gefällt.
- 2 Ich warte mal ab, wie er sich weiter verhält.
- 1 Mit Angebern will ich nichts zu tun haben.

Deine Mutter bringt dich mit dem Auto zur Schule und gibt dir vor den Mädchen aus deiner Klasse einen Abschiedskuss ... Was, glaubst du, passiert?
- 2 Ich bleibe einfach noch im Auto sitzen und warte, bis die anderen weg sind.

3   Ich steige aus und gehe mit den Mädels zusammen in die Klasse.
1   Ich werde knallrot und würde am liebsten im Erdboden versinken.

Du sitzt auf den Treppen vor deiner Schule und wartest gelangweilt auf deine Freunde. Da kommt ein Junge aus der Klasse über dir, der in deiner Nähe wohnt, aber den du noch nicht kennst. Er scheint auch auf jemanden zu warten ... Was tust du?
1   Ich spiele weiter mit meinem Handy und beachte ihn nicht weiter.
3   Ich frage ihn einfach, ob er auch auf jemanden wartet.
2   Ich grinse ihm zu, sage aber nichts.

»Welchen Film wollen wir heute Abend gucken?« – »Wo wollen wir am Wochenende hinfahren?« – »Und was soll es heute Abend zum Essen geben?« Im Familienalltag ist wahrscheinlich öfter mal deine Meinung gefragt. Wie antwortest du?
3   Mit Vorschlägen – ich hab immer eine Idee!
2   Mit »Ich weiß nicht« – weil ich oft nicht weiß, worauf ich gerade Lust habe.
1   Mit »Egal« – weil es mir meistens wirklich egal ist.

**Stell dir vor, in deiner Klasse finden alle dieselben Stars cool, nur du hast einen ganz anderen Geschmack …
Wie würde es dir damit gehen?**

2 Na ja, es ist nicht immer lustig, anders zu sein als der Rest der Klasse.

3 Normal, die anderen wissen doch, dass ich einen eigenen Kopf habe.

1 Die anderen müssten ja gar nicht unbedingt mitkriegen, was ich cool finde …

Du hast im Park ein kleines Kind mit dem Fußball getroffen, es weint, und da kommt auch schon die Mutter grimmig auf dich zugestapft … Was machst du?

2 Vor lauter Schreck bleibe ich wahrscheinlich wie erstarrt stehen.

3 Ich versuche, das Kind so lange zu trösten, bis die Mutter da ist, und sage dann, dass es mir leidtut und keine Absicht war.

1 Ich mache mich schnell aus dem Staub.

☐ Auswertung

Jetzt zählst du zusammen, wie viele Punkte du insgesamt hast. Trag dein Ergebnis in das Kästchen ein und lies die Auswertung zu deiner Punktzahl.

Punktzahl: ☐

17 bis 21 Punkte: Du wirkst offen und kontaktfreudig
Du bist gern mit anderen zusammen und interessierst dich für alles Mögliche. Eine gute Grundlage für eine positive Ausstrahlung, denn die entfaltet sich am besten im Kontakt zu anderen Menschen. Gleichzeitig hast du die Gabe, einfach mal zu lachen, wenn dir etwas schiefgegangen ist. Statt genervt oder wütend zu sein, nimmst du es lieber mit Humor. Du sagst gern und offen deine Meinung und bestimmst so mit, was passieren soll. Durch deine Offenheit, Kontaktfreude und Einsatzbereitschaft können andere dich von verschiedenen Seiten kennenlernen. So sammelst du viele Pluspunkte bei anderen. :-)

12 bis 16 Punkte: Du wirkst freundlich und ruhig
Du bist jemand, der anderen meistens freundlich begegnet, aber manchmal auch einfach nur seine Ruhe will. Das ist dein gutes Recht, denn es kann ja immer mal sein, dass etwas Blödes passiert, was dich nervt oder verunsichert. Statt dann spontan und unbedacht etwas zu tun, was dir

später leidtun könnte, wartest du oft lieber erst mal ab. Auf manche Jungs oder Mädchen mag das langweilig wirken, aber lass dich davon nicht verunsichern. Kennst du das Sprichwort: »Stille Wasser sind tief«? Es ist positiv gemeint und bedeutet, dass man an der Oberfläche eines stillen Sees nicht sieht, wie tief er ist oder welche Geheimnisse und Überraschungen es unter der Wasseroberfläche noch gibt. Trau dich in Zukunft ruhig öfter, den anderen zu zeigen, was noch so alles unter deiner ruhigen Oberfläche in dir steckt. :-)

7 bis 11 Punkte: Du wirkst zurückhaltend und verschlossen

»So was passiert auch nur mir!« – »Lass mich in Ruhe!« – »Nerv mich nicht!« – Kommt dir das bekannt vor? Manchmal gibt es Zeiten, in denen es zu Hause oder in der Schule einfach nicht gut läuft. Dann hat man zu nichts richtig Lust, und ständig verstehen die anderen einen falsch. Viele Jungs (und auch Mädchen), denen es so geht, wollen dann möglichst mit niemandem etwas zu tun haben, um Ärger zu vermeiden. Sie ziehen sich zurück. Das wirkt auf andere ziemlich verschlossen und abweisend und kann sogar dazu führen, dass alle einen großen Bogen um dich machen und du plötzlich allein auf deinem Ärger oder deinen Sorgen sitzen bleibst. Das ist nicht so toll. Wie du aus so einer Nummer am besten wieder herauskommst? Indem du deine Aufmerksamkeit weg von allem Blöden lenkst. Überleg mal, wo positive Sachen passieren oder wo du etwas Cooles entdecken kannst, was dir gefällt. Natürlich auch an dir selbst. :-)

> Ist doch klar, ich hab den Test auch gemacht. 11 Punkte. Und jetzt lass mich in Ruhe, ich bin genervt. Von meiner kleinen Schwester. Die ist klein und niedlich und kriegt immer, was sie will. Und ich? Soll immer vernünftig sein. Bla bla bla ... Nur weil ich älter bin und sie ein Mädchen ist. »Da kommt ja mein kleiner Sonnenschein«, sagt mein Vater, wenn er sie sieht, und knuddelt sie durch. Mich stupst er höchstens in die Seite und fragt kurz und knapp, ob ich meine Hausaufgaben schon gemacht habe.

Aber okay. Ich will nicht jammern. Nachher begrüßt mein Vater mich auch noch mit »Mein kleiner Sonnenschein ...«. Bloß nicht! Dann kann ich mich ja auch gleich erschießen. Übrigens: Mein großer Bruder wird auch immer öfter wie ein rohes Ei behandelt – weil er angeblich in der Pubertät ist, soll ich auf alles Mögliche Rücksicht nehmen. Pah! Wenn ich nur ein bisschen älter wäre und Geld hätte, würde ich ausziehen, so nerven die mich manchmal alle! Der Einzige, der in unserer Familie echt cool ist – mich natürlich nicht mitgerechnet –, ist Gilbert, unser Hund.

Schüchtern oder cool?

Bist du eher witzig und cool, schüchtern und geheimnisvoll oder direkt und unkompliziert? Finde heraus, was für ein Typ du bist. Kreuze einfach bei jeder Frage an, was am meisten auf dich zutrifft. Es können auch zwei Antworten sein.

Zwei Mädchen ärgern dich, aber irgendwie scheinen sie dich auch interessant zu finden. Was tust du?
C Ich ärgere sie einfach auch.
A Kann gut sein, dass ich rot werde.
B Ich sag nicht viel dazu.

Für eine Schulaufführung sind verschiedene Rollen und Aufgaben zu besetzen – was kommt für dich infrage?
C Eine der Hauptrollen spielen oder Musik machen
B Etwas Witziges ausdenken oder durchs Programm führen
A Beleuchtung, Kulissenbau oder Technik

Hast du dich schon mal zur Wahl des Klassensprechers aufstellen lassen?
A Nein, ich stehe nicht so gern im Mittelpunkt.
B Na klar, macht doch Spaß.
C Ja, die anderen haben mich dazu überredet.

Auf der Klassenreise erwischt euch euer Lehrer, wie ihr gerade zu fünft versucht, spätabends aus dem Haus zu schleichen. Was tust du?

C Ich warte vorsichtshalber mal ab, was der Lehrer jetzt macht.

A Ich verdrücke mich in den Hintergrund.

B Ich versuche, den Lehrer mit einem lockeren Spruch zum Lachen zu bringen.

Ein Junge aus deiner Klasse nimmt dich mit zu sich nach Hause und stellt dich dort seiner Schwester vor, die ziemlich hübsch ist. Was sagst du?

A »Hallo« – und dann sehe ich zu, dass wir in seinem Zimmer verschwinden.

B »Wieso hast du mir nie erzählt, dass du so eine hübsche Schwester hast?«

C »Hey, schön, dich endlich mal kennenzulernen, habe schon viel von dir gehört!«

☐ Auswertung

Zähl nun zusammen, welche Buchstaben du wie oft angekreuzt hast, und trag dein Ergebnis in die Kästchen ein. Unter den Buchstaben, die du am häufigsten angekreuzt hast, findest du heraus, was für ein Typ du bist.

Summe: A ☐ B ☐ C ☐

Typ A: Geheimnisvoll und schüchtern
Ob bei Freunden oder Fremden: Du bist jemand, der eher schüchtern und zurückhaltend ist, und das strahlst du auch aus. Vielleicht wunderst du dich, dass du trotzdem von anderen angesprochen wirst und etliche Freunde hast? Das hängt damit zusammen, dass Schüchternheit auf die meisten Menschen auch sympathisch, geheimnisvoll und dadurch irgendwie anziehend wirkt. Trau dir in Zukunft ruhig hier und da etwas mehr zu, denn du hast das Zeug dazu! Auch als schüchterner Typ darf man jederzeit sagen, was man denkt. Oder einfach mal etwas tun, was die anderen total überrascht.

Bist du zu schüchtern?

Lies dir die folgenden Aussagen durch und kreuze an, ob Ja oder Nein auf dich zutrifft.

1. Wenn ich in der Klasse vor allen etwas sagen soll, bin ich sehr aufgeregt. ja [1] nein [0]

2. Ich mache mir oft Sorgen, dass ich etwas Peinliches sagen oder tun könnte. ja [1] nein [0]

3. Ich bleibe lieber zu Hause, als andere Klassenkameraden zu besuchen. ja [1] nein [0]

4. Den Gedanken, eine Klassenfahrt machen zu müssen, finde ich schrecklich. ja [1] nein [0]

5. Es gibt ziemlich viele Sachen, die ich mir nicht zutraue. ja [1] nein [0]

Wenn du mehr als drei Mal Ja hast, dann bist du tatsächlich schüchtern und solltest versuchen, ruhig etwas mutiger zu werden. Das kannst du! Zugegeben ist es nicht so einfach, und leider gibt es auch kein Patentrezept, wie man Schüchternheit überwinden kann. Aber du kannst die Kapitel über das Privat-Territorium und die Mutzonen aufmerksam lesen – das hilft dir bestimmt weiter.

Typ B: Cool und witzig

Du stehst gern im Mittelpunkt, bringst andere zum Lachen und bist recht lässig drauf. Du lässt dir nicht so schnell in deine Karten gucken, und deshalb kann dich auch niemand so schnell ärgern, stimmt's? Andererseits: Immer cool sein ist auch anstrengend, weil man nicht so oft seine Ruhe hat. Deshalb leg mit dem Coolsein auch ruhig ab und zu mal eine Pause ein, dann lernen deine Freunde auch mal eine andere Seite von dir kennen.

Typ C: Unkompliziert

Mit dir ist alles ziemlich einfach, denn mit deiner unkomplizierten Art kommst du eigentlich mit fast jedem gut aus. Gruppenarbeit in der Schule? Für dich kein Problem. Du bist dabei, und jeder weiß, dass man sich auf dich verlassen kann. Erlaub dir ruhig öfter mal, etwas cooler zu sein oder zu sagen, wenn du etwas blöd findest. Du wirst sehen: Das nimmt dir niemand übel.

Mix-Typ: Wenn du A, B oder C etwa gleich häufig hast ...

Man kann übrigens auch gleichzeitig schüchtern und cool sein. Oder unkompliziert und witzig. Wenn du A, B oder C etwa gleich häufig angekreuzt hast, bedeutet das, dass beide oder alle drei Auswertungen auf dich zutreffen. Verwundert? Das hängt damit zusammen, dass man sich in verschiedenen Situationen auch unterschiedlich verhält. Zum Beispiel ist man bei seinen Freunden total cool und witzig, und wenn man dann plötzlich in einer Mädchenrunde ist und dann ist auch noch ein Mädchen dabei, das man mag, ist man auf einmal richtig schüchtern ... Oder man ist in seiner Fußballmannschaft ein ganz ruhiger, unkomplizierter Verteidiger, aber in der Schule macht man ständig Witze und ist der Klassenclown ...

Also, ganz klar, ich bin ein Mix-Typ. Ich glaube, in der Schule bin ich eine Mischung aus B und C, aber wenn ich mit meinem Bruder und dessen Freunden unterwegs bin, dann ganz klar A. Wenn sie mich nämlich ausnahmsweise mal mitnehmen, sage ich lieber nicht viel, weil ich Angst habe, etwas Falsches zu sagen. Oder etwas, über das dann plötzlich alle lachen. Deshalb halte ich den Mund. Die Freunde von Felix haben mir schon den Spitznamen »Der Schweiger« gegeben. Glück gehabt, für kleine Brüder gibt es viel fiesere Spitznamen ...

Achtung, Privat-Territorium!!!

Weißt du, was ein Territorium ist? Das Wort kommt aus dem Lateinischen und heißt so viel wie Land oder Gebiet, und es bezeichnet einen von Grenzen umgebenen räumlichen Bereich, in dem man einen bestimmten Machtanspruch hat. Ohne Erlaubnis darf niemand Fremdes in ein Territorium eindringen.

Jeder Mensch hat um sich herum ein Gebiet, das psychologische Wort dafür heißt Intimzone. Damit ist ein Bereich nah um den Körper herum gemeint, den nur bestimmte Leute »betreten« dürfen, zum Beispiel Familienmitglieder oder gute Freunde. Rücken einem fremde Leute zu nah auf die Pelle – zum Beispiel in einer Menschenmasse oder einem engen Fahrstuhl –, dann mag man das nicht so gern. Die Nähe (aber auch

der Abstand!), die zwei Menschen zueinander haben, sagt einiges über ihr Verhältnis zueinander aus. Wenn ein Pärchen eng umschlungen durch die Stadt geht, weiß man gleich: Die sind verliebt. Und wenn du bei einem Familienausflug drei oder vier Meter hinter allen anderen herläufst, vermuten deine Eltern wahrscheinlich, dass du gerade nichts mit der Familie zu tun haben willst. Denn dann bist du so weit weg, dass du dich schon in der öffentlichen Zone bewegst – da könnten auch ohne Weiteres Fremde langlaufen, die gar nichts mit der Familie zu tun haben.

Übrigens: Je wichtiger ein Mensch ist, desto größer ist das Gebiet, das er beansprucht – das ist auch ein Grund dafür, dass viele Politiker und natürlich berühmte Stars Bodyguards haben, die sie vor allen anderen Leuten abschirmen.

Wenn man anderen erlaubt, dass sie ins Privat-Territorium beziehungsweise in die persönliche Zone eindringen, heißt das: Man mag sie.

Aber wenn jemand ganz plötzlich und ohne Erlaubnis ins Privat-Territorium eindringt, kann das sehr bedrohlich sein. Oder aber man wird wütend und verteidigt seine Privatzone.

Es ist für alle Menschen sehr wichtig, dass ihr Privat-Territorium von anderen respektiert wird. Wenn du also findest, dass dir jemand zu sehr auf die Pelle rückt, dann sag das einfach – das ist dein gutes Recht! Du kannst zum

Beispiel sagen: »Ich brauche jetzt hier mal ein bisschen mehr Platz!« oder »Ich möchte meine Ruhe haben, komm mir mal nicht so nah«. Umgekehrt sollst du auch das Privat-Territorium anderer respektieren – zum Beispiel deiner Mitschüler, Geschwister oder Eltern.

Zu deinem Privat-Territorium gehören übrigens auch Fotos oder Filme von dir. Wenn dich jemand mit einer Kamera oder dem Handy filmen oder fotografieren will oder ein Foto von dir ins Internet stellen will, dann muss er dich vorher fragen, ob du damit einverstanden bist. Alles andere ist nicht okay!

Von Komfortzonen
und Mutzonen ...

Sehen kann man die verschiedenen Zonen, die du eben gerade kennengelernt hast, nicht, aber du kannst sie erfühlen, wenn du dich darauf konzentrierst.

Es gibt noch zwei andere Zonen, die ebenfalls sehr interessant sind, wenn es um das Verhalten von Menschen geht. Das sind die sogenannte Komfortzone und die Mutzone.

In der Komfortzone fühlt man sich sicher und geschützt und ist total entspannt. Für Tiere ist die Komfortzone meistens ihr Schlafplatz. Dort gehen sie hin, wenn sie satt und müde sind, um sich gemütlich auszuruhen, zu entspannen oder zu schlafen. Das ist wichtig für sie, damit sich Körper und auch Gehirn entspannen und neue Kraft und Energie tanken können.

Bei Menschen ist das genauso – auch sie haben Komfortzonen, in denen sie sich besonders gut und sicher fühlen.

Du kannst deine Komfortzone herausfinden, indem du dich folgende Dinge fragst:

Wo fühle ich mich besonders entspannt, locker und ruhig?

> Bei mir ist das in meinem Zimmer unterm Dach :-), da hab ich schön meine Ruhe.

Meine Antwort: _____

Mit wem fühle ich mich rundum wohl?

> Mit meinem besten Freund, mit Gilbert oder auch mal, wenn ich allein bin.

Meine Antwort: _____

Welche Dinge mache/tue ich dann gern?

> Musik hören, mir Geschichten ausdenken oder etwas malen.

Meine Antwort: _____

Wo fühle ich mich noch sicher und geborgen?

> In meiner Familie, überall bei uns zu Hause außer in Felix' Zimmer, bei meiner Oma ...

Meine Antwort: _____

Welche Dinge gibt es noch, die ich gut kenne?

> Mein Judo-Training, die Schule, unser Einkaufszentrum.

Meine Antwort: _____

Wenn du die Fragen beantwortet hast, dann weißt du, wo deine Komfortzonen sind. Hier gibt es keine Risiken für dich, nirgendwo lauern Gefahren, alles ist gut. Kommen wir jetzt zu der anderen Zone, der Mutzone.

In die Mutzone kommst du immer dann, wenn du deine Komfortzonen verlässt. Hier warten neue Aufgaben und Herausforderungen für dich, manchmal auch richtige Abenteuer oder Risiken. Diese Zone ist aufregend und spannend, und wenn man sich in ihr bewegt, fühlt man sich komplett anders: unsicher, aufgeregt, vielleicht auch ein bisschen unter Druck, oder ängstlich, weil man Sorge hat, dass das, was man sich vorgenommen hat, nicht klappt.

Willst du deine Mutzone genauer kennenlernen? Hier sind ein paar Fragen, die dir dabei helfen:

Wovor habe ich Angst? Nachts ganz allein in unserem Haus zu sein.

Meine Antwort: _____

Was habe ich noch nie gemacht?

Ein Mädchen geküsst …

Meine Antwort: _____

Was kann ich noch nicht so gut?

> Auf dem Skateboard bleiben, wenn es bergab geht.

Meine Antwort: _____

Welche Momente kann ich mir vorstellen, die schwierig für mich sind?

> Wenn ich von meinem Lehrer beim Lügen oder Schummeln erwischt werde.

Meine Antwort: _____

Bei welchen Aktivitäten wäre ich gern mutiger?

> Manchmal in der Pause, wenn uns die Großen ärgern.

Meine Antwort: _____

In der Komfortzone ist es sehr gemütlich, aber auf Dauer kann es auch langweilig werden, wenn man da immer nur vor sich hin chillt. Dann wird es Zeit, auch mal in die Mutzone zu wechseln und einfach etwas Neues auszuprobieren. Auch dann, wenn man ein bisschen Angst davor hat. Seine Angst kann man nämlich überwinden. Indem man daran glaubt, dass es schon klappen wird, was man sich vorgenommen hat. Manches kann man ja auch vorher üben.

In der Komfortzone wird man mit Entspannung belohnt, in der Mutzone mit Stolz und Selbstbewusstsein. Wenn du nämlich deine Angst oder Unsicherheit überwunden hast und einfach mal ein Risiko eingegangen bist, um etwas zum ersten Mal zu tun, dann fühlst du dich richtig gut!

Und außerdem weißt du ja: Du kannst jederzeit in deine gemütliche Komfortzone zurück – auch wenn etwas beim ersten Mal nicht gleich so gut geklappt hat, wie du es gerne hättest. Es ist noch kein Meister vom Himmel gefallen!

Bist du ein guter Freund?

Na klar, sagst du. Aber stimmt das wirklich? Kreuze jeweils die Antworten an, die am ehesten auf dich zutreffen. Das können auch mehrere sein.

Eigentlich ist das neue T-Shirt deines Freundes echt cool – aber die Farbe lässt ihn käsebleich wie eine Leiche aussehen. Sagst du was?

B Ich mache eine Andeutung.
A Ich sage nichts.
C Ich bin da immer gnadenlos ehrlich.

Welche der folgenden drei Szenen könnte deiner Ansicht nach der Beginn einer Freundschaft sein?

C Lukas und Tobi treffen sich bei einem Sommerfest und wollen sich beide auf denselben Stuhl setzen, den Tobi dann Lukas ganz frech vor der Nase wegschnappt ...
A Leon und Marvin lernen sich im Freibad kennen. Leon hat sein Handtuch verloren – und Marvin hat es gefunden und beim Bademeister abgegeben ...
B Jannik und Marcel haben sich beim Basketballspielen getroffen und haben gleich gestutzt. Da ist ja jemand, der fast so gut spielen kann wie ich selber, vielleicht sogar besser, haben beide gedacht ...

Hast du einem Freund schon mal eine kleine Notlüge aufgetischt, um eine Verabredung kurzfristig abzusagen?

C Wieso? Freunde müssen verstehen, dass ich auch ohne jede Erklärung wegbleibe.

B Wenn, dann mal ganz spontan, aber ich weiß das gar nicht so genau.

A Nein, ich kann doch sagen, wenn etwas dazwischengekommen ist.

Ein Freund vertraut dir eine peinliche Sache an, die ihm mal passiert ist. Wie gehst du damit um?

A Ich behalte die Geschichte natürlich für mich.

C Wie witzig! Damit erziele ich demnächst in der Schule bestimmt ein paar Lacher.

B Ich ärgere ihn damit das nächste Mal, wenn er mich ärgert.

Dein Freund braucht jemanden, der seine heiß geliebte Ratte versorgt, wenn er im Urlaub ist. Deine Eltern haben nichts dagegen ...

B Ob ich die Ratte nehme, hängt ja auch davon ab, ob ich Lust dazu habe.

C Mal ehrlich, was hab ich mit seiner Ratte zu tun?

A Klar kümmere ich mich um seine Ratte, ist doch Ehrensache.

Dein Freund hat die Schule gewechselt und wird dort gemobbt, aber er tut nichts dagegen. Wie verhältst du dich?

C Ich finde, das ist seine Sache.

B Ich erzähle ihm, was ich tun würde – nämlich mich wehren.

A Ich versuche, ihn dazu zu bringen, endlich seinen Eltern oder einem Lehrer davon zu erzählen.

Dein Freund hängt neuerdings ständig mit einem Jungen aus eurer Parallelklasse zusammen, den du einfach nicht ausstehen kannst. Was könnte dir durch den Kopf gehen, wenn du dich gerade mal wieder heftig über ihn geärgert hast?

A Ich mache mir Sorgen um meinen Freund – der Typ tut ihm nicht gut.

B Ich denke darüber nach, wie ich das meinem Freund am besten sage.

C Ich überlege, ob ich dem anderen einfach etwas anhänge, damit er endlich wieder von der Bildfläche verschwindet.

☐ Auswertung

Zähle nun zusammen, wie oft du welche Buchstaben ausgewählt hast. Unter den Buchstaben, die du am häufigsten angekreuzt hast, kannst du nachlesen, ob du ein guter Freund bist.

Summe: A ☐   B ☐   C ☐

A = Ritter
Wer dich zum Freund hat, kann sich glücklich schätzen. Du bist aufmerksam, kannst dich gut in andere hineinfühlen und bist auch bereit, für eine Freundschaft etwas zu tun. Egal, wie es deinem Freund gerade geht – du bist immer für ihn da und hältst zu ihm. Nie würdest du auf die Idee kommen, schlecht über einen deiner Freunde zu reden. Bist du also der perfekte Freund, der immer alles richtig macht und wirklich alles weiß? Hoffentlich nicht. Denn ein großer Fehler in einer Freundschaft ist, zu denken, dass man den anderen sowieso schon in- und auswendig kennt.

B = Rivale
Wer ist klüger, schneller und beliebter? Für dich hat eine Freundschaft viel mit Konkurrenz zu tun. Okay, wenn

man zu einer Mannschaft gehört, hält man natürlich fest zusammen und würde sich nie gegenseitig in die Pfanne hauen – aber man befindet sich auch trotzdem immer in einem kleinen Konkurrenzkampf zueinander. Das ist spannend, aufregend und treibt sowohl dich als auch deine Freunde zu immer neuen Höchstleistungen an. Erst recht, wenn Publikum dabei ist. Andere mögen das sehr, denn mit euch wird's einfach nie langweilig! Aber Vorsicht: Zu oft solltet ihr auch nicht gegeneinander antreten, gönnt euch auch mal ruhigere und entspanntere Zeiten, die gehören auch zu jeder Freundschaft dazu.

C = Drache
Du hast eine sehr spezielle Auffassung von Freundschaft, und wenn du so weitermachst, kann es sein, dass du eines Tages ohne Freunde dastehst. Es sind vor allem drei Sachen, die schwierig sind, wenn man dich zum Freund hat: 1. Du bist sehr auf dich selbst konzentriert. Das heißt, dir ist eigentlich egal, was deine Freunde möchten oder wie es ihnen gerade geht – Hauptsache, bei dir selbst ist alles gut. 2. Du findest es lustig, über andere zu lästern. Für deine Freunde kann das aber sehr unangenehm oder peinlich sein, und das werden sie dir bestimmt nicht immer wieder verzeihen. 3. Du bist genervt, wenn deine Freunde ein Problem haben. Damit willst du nichts zu tun haben. Aber mal ehrlich: Wann braucht man seine Freunde am meisten? Eben. Wenn es einem schlecht geht. Vielleicht

solltest du deshalb deine Auffassung von Freundschaft und dein Verhalten noch mal überdenken.

Wer passt zu mir?
Über Freundschaften gibt es zwei alte Sprichwörter. Das eine heißt »Gleich und gleich gesellt sich gern«, das andere »Gegensätze ziehen sich an«. Gemeint ist, dass es einerseits Menschen gibt, die Freunde sind, weil sie so ähnlich ticken. Und andererseits Menschen, die sich deshalb so anziehend finden, weil sie total unterschiedlich sind. Beides kann ziemlich cool sein!

Wenn du ein Drache bist, solltest du tunlichst vermeiden, dich mit einem anderen Drachen anzufreunden. Warum? Weil ihr bestimmt ziemlich oft Streit haben würdet, und das kostet euch beide viel Kraft.

Wenn du ein Ritter bist, passen andere Ritter perfekt zu dir. Bestimmt beneiden euch alle um eure Freundschaft. Aber auch mit einem Rivalen kannst du eine tolle Freundschaft haben – weil du ein bisschen Ruhe in die Dinge bringst und dein Freund dafür sorgt, dass es trotzdem nie langweilig wird.

Wenn du ein Rivale bist, passen andere Rivalen gut zu dir. Zusammen könnt ihr eine Menge Spaß haben! Mit einem Ritter befreundet zu sein, ist einfach immer gut. Und mit einem Drachen? Dem würdest du wahrscheinlich über kurz oder lang deine Meinung sagen – und entweder, dann seid ihr richtig gute Freunde, oder ihr geht getrennte Wege. Das kann ja auch mal passieren.

Was macht eine gute Freundschaft aus?

Vertrauen Das fällt nicht vom Himmel, sondern man muss es sich erarbeiten. Indem man sich Stück für Stück kennenlernt und sich alles Mögliche voneinander erzählt. Wenn man dann weiß, dass der andere auch verschwiegen ist und zu einem hält, dann schafft das Vertrauen.

Respekt Jeder Mensch ist anders und nicht immer unbedingt so, wie wir ihn gern hätten. Achte das Anderssein deiner Freunde, toleriere ihre besonderen Eigenschaften, Gewohnheiten, Schwächen oder auch mal einen Ausraster. Man kann immer drüber reden, oder?

Humor Miteinander lachen ist mit das Beste überhaupt – es schafft Gemeinsamkeit und ist ein hervorragendes Mittel gegen alle Alltagskatastrophen.

Es gibt Sachen, die gut für jede Freundschaft sind:

- nett zueinander sein
- ehrlich sein
- halten, was man verspricht
- andere nicht einfach beschuldigen
- sich gut zuhören
- sich ausreden lassen
- Respekt voreinander haben
- den anderen in Schutz nehmen, wenn er lächerlich gemacht werden soll

Diese Sachen tun einer Freundschaft nicht gut:

- aggressiv sein oder sich beschimpfen
- sich anlügen
- etwas versprechen, aber nie halten
- immer dem anderen die Schuld geben
- sich gegenseitig nicht zuhören
- sich gegenseitig nie ausreden lassen
- respektlos sein
- den anderen lächerlich machen

Du und deine Familie

Eigentlich ist es schön, eine Familie zu haben ... Man ist nicht allein auf der Welt. Man hat Eltern, die sich um alles kümmern, die arbeiten gehen, Geld verdienen, einkaufen, den Kühlschrank vollpacken, das Wohnzimmer aufräumen, Klamotten waschen, Essen kochen und so weiter und so fort ...

Und vielleicht hat man auch noch Geschwister, die zu einem halten, wenn man Ärger mit der Mutter oder dem Vater hat. Die einen vielleicht sogar bewundern, weil man älter ist und klüger ...

Einen Onkel oder eine Tante, die zum Geburtstag und zu Weihnachten ein Geschenk vorbeibringen und nie mit einem meckern oder sich beschweren würden, auch wenn man selbst nie ein Geburtstagsgeschenk für sie hat ...

Großeltern, die natürlich auch zum Geburtstag und zu Weihnachten ein Geschenk vorbeibringen und einem obendrein auch noch immer, wenn man sie trifft, Süßigkeiten oder ein extra Taschengeld zustecken ...

Aber manchmal ist es auch wirklich peinlich, eine Familie zu haben ...
Wenn man zum Beispiel einen coolen Schulfreund zum ersten Mal mit nach Hause bringt – und dann kommt nichts ahnend die Mutter ins Zimmer geschneit, und bevor sie überhaupt schnallt, dass ein Besucher da ist, hat sie es auch schon gesagt: »Na, will mein kleiner Patschibär einen großen Kakao?«

DAS IST PEINLICH!!! So tief kann man gar nicht im Fußboden versinken!

> Mütter können ohne Ende peinlich sein. Meine hat mir vor der Klassenreise beim Abschied vor allen einen dicken Kuss gegeben und dabei auch noch so, dass es alle sehen, ein altes gammeliges Kuscheltier in die Reisetasche gesteckt ...

Einmal hat sie mir morgens am Schultor hinterhergerufen: »Härri, komm noch mal her, dein T-Shirt ist ja ganz vollgesabbert ...« – das rufen mir die Jungs aus der Klasse über mir heute ab und zu noch hinterher ...

Kleine Schwestern sind auch nicht ohne. Weil sie alle Geheimnisse, die man hat, gnadenlos ausplaudern! »Weißt du, wie lange Härri morgens vor dem Spiegel braucht, bis sein Seitenscheitel richtig sitzt?«, hat Anne-Sophie meinen Freund Tim neulich einfach so gefragt. »Rate mal! Und, hihi, manchmal klebt er die Haare auch mit Spucke fest ...« Diese miese kleine Zicke! Das ist natürlich gelogen! Aber wenn sie erst merkt, dass ich ein Stylinggel habe, ist das vor ihr auch nicht mehr sicher ...

Rot wie eine Tomate ...?!

Wenn's ganz schlimm kommt, wird man rot wie eine Tomate. Na bravo, ganz toll. Fühlt sich super an, wenn man dann so mit heißen Backen vor sich hin glüht. Hier sind ein paar Ideen, was man tun kann, wenn einem etwas Peinliches passiert.

1. Man tut so, als wenn man nichts mitgekriegt hat, überhört beziehungsweise übergeht also die Peinlichkeit und sagt schnell: »Oh, meine Schnürsenkel sind ja ganz locker«, kniet sich hin und senkt dabei den Kopf – dann kann keiner sehen, wie rot man ist.

2. Man hält die Hände vors Gesicht (das kühlt auch), grinst und sagt: »Uh, das muss mir erst mal einer nachmachen – ich versinke dann mal solange im Boden ...«

3. Man kann auch sagen: »Ächz, das ist echt peinlich! Kann mir einer ein Zeichen geben, wenn's vorbei ist?«

4. Oder man atmet ganz tief ein, mit einem lauten »Phhhhh« wieder aus und fragt dann in die Runde: »Okay, ist irgendjemandem schon mal etwas passiert, was noch peinlicher ist?«

5. Man stellt sich in dem Moment einfach vor, dass man schon zehn oder zwanzig Jahre älter ist, mit seinen Freunden zusammensitzt und sich gegenseitig erzählt, was einem als Jugendlichem alles Blödes und Peinliches passiert ist ... Alle lachen, und jeder in der Runde weiß noch etwas Peinlicheres zu berichten. Schon ist die Sache nur noch halb so schlimm!

Härris schlimmste Peinlichkeiten:

Willst du mal wissen, was mir schon alles passiert ist?
Hier, lies mal!

- Im Winter hat sich der Wollschal, den Omi mir gestrickt hat, so in meiner Zahnspange verhakt, dass unsere Englischlehrerin Frau Ohnemann mich befreien musste.
- Im Schwimmunterricht ist mir beim Kopfsprung vom Einer die Badehose runtergerutscht bis zu den Knien, und vom Beckenrand aus haben das alle gesehen!
- Meine kleine Schwester hat kurz vor Ostern heimlich ihre Disco-Barbie in meinem Schulranzen versteckt, und die Jungs haben mich dann in der Schule damit verarscht.
- Meine Oma hat mir zum 11. Geburtstag eine Wärmflasche in Katzenform geschenkt, und alle Jungs, die ich eingeladen hatte, haben sich schlappgelacht.
- Beim Sportunterricht mussten wir Klimmzüge machen, und ich habe vor Anstrengung gepupst – und nach mir war ausgerechnet Mia dran, sie ist das beste Mädchen in unserer Klasse, und ich mag sie irgendwie ...
- Die Freundin von meinem großen Bruder findet mich klein und süß!!!!

Familien-Stress? Ganz normal!

Es gibt Zeiten, da ist die Familie ziemlich anstrengend und nervig. Zum Beispiel, wenn die Eltern gerade mal wieder der Meinung sind, sie müssten sich ganz besonders viel Mühe mit der Erziehung ihrer Kinder geben. Dann beobachten sie einen von morgens bis abends und meckern ständig an einem herum. »Lass deine Geschwister in Ruhe!« – »Mach deine Hausaufgaben!« – »Räum endlich das Kinderzimmer auf!« – »Putz dir jetzt die Zähne und dann ab ins Bett ...« Einfach schrecklich, wenn Eltern nicht kapieren, dass man schon längst kein kleines Kind mehr ist.

> Beobachtet zu werden, das kenne ich auch. Wenn ich mir morgens beim Frühstück den Kakao in die Milch rühre und dabei nicht dauerquassele wie Anne-Sophie, dann findet meine Mutter das offenbar merkwürdig. »Härri, Süßer, alles okay bei dir?« Oh Gott, ich könnte sterben, wenn sie mich »Süßer« nennt! Vor allem, wenn Felix mir gegenübersitzt und mies grinst. Und nur, weil ich noch zu müde zum Reden bin, denkt sie gleich wieder, irgendetwas wäre mit mir los ... Ist es aber nicht. Warum machen sich Eltern eigentlich immer Sorgen?

Und wenn man sich dann noch mit seinen Geschwistern anlegt oder Ärger mit dem Klassenlehrer hat, hat man manchmal das Gefühl, man sei nur noch von Nervensägen umgeben. Was tun? In solchen Fällen helfen PRO-und-KONTRA-Listen, die man sich macht. Damit kann man sich vor Augen führen, dass es eigentlich nichts gibt, was nur nervig oder blöd ist, sondern dass die meisten Dinge Vor- und Nachteile haben und dass es guttut, nicht immer nur auf die Nachteile zu gucken. Nehmen wir als Beispiel mal die Geschwister.

> Ich mache jetzt mal eine PRO-und-KONTRA-Liste über Felix, der mich eigentlich nur nervt!!!

PRO-UND-KONTRA-LISTE FELIX

Pro/Vorteile/ Pluspunkte

- Wenn's drauf ankommt, hält er zu mir.
- Er hat schon viel bei meinen Eltern durchgekämpft, was mir jetzt nützt.
- Er hat coole Sachen, die ich mir manchmal ausleihen darf oder die ich erbe.
- Er hat mir zum Geburtstag ein paar coole Knaller geschenkt.

Kontra/Nachteile/ Minuspunkte

- Er ist viel stärker als ich und lässt mich das bei jeder Gelegenheit spüren.
- Er ärgert mich von morgens bis abends.
- Meine Eltern vergleichen mich mit ihm.
- Wenn er nicht wäre, dann wäre ich der Älteste und könnte Anne-Sophie noch viel besser herumkommandieren.
- Er gibt mir Kopfnüsse und behauptet, das würde gar nicht wehtun ...
- Er isst immer meine Schoko-Reiswaffeln auf.

Diplomatisch sein: Verhandeln statt streiten

Wenn man mit seinen Geschwistern (oder auch Eltern oder Klassenkameraden) nicht einer Meinung ist, fängt man manchmal zu schnell an zu streiten. Aber meistens bringt das gar nichts, außer dass hinterher alle schlechte Laune haben. Statt zu streiten, kannst du auch mal versuchen, diplomatisch zu sein und zu verhandeln. Wie das geht? Hier sind die wichtigsten Regeln.

- **Mach dir klar, was dir wirklich wichtig ist**

Manchmal streitet man sich so doll, dass man aus den Augen verliert, worum es eigentlich geht. Überlege dir deshalb gut, was dir wichtig ist, und sage das deutlich. Sag aber auch, worauf du vielleicht ohne große Mühe verzichten könntest.

- **Informiere dich über die Interessen deines Gegenübers**

Eine kurze Definition von Verhandeln lautet: »Etwas geben, um etwas zu bekommen«. Etwas geben kannst du aber nur, wenn du weißt, was der andere will und was ihm wichtig ist. Frage ihn oder sie einfach, was genau das ist.

- **Wäge ab, was du akzeptieren kannst**

Oft muss man einen Mittelweg finden zwischen dem, was

> Ich kann ganz gut verhandeln, vor allem, wenn ich dann noch mein Pokerface aufsetze. Ich habe aber auch noch einen Trick: Wenn ich mit Erwachsenen etwas abmache, dann halte ich mich daran. So merken die, dass man sich auf mich verlassen kann, und dann darf ich manchmal Sachen, die Felix in meinem Alter noch nicht durfte ... – einfach, weil Felix oft so unzuverlässig und unberechenbar ist. »Auf Härri kann ich mich verlassen«, sagt meine Mutter dann immer, wenn Felix sich deshalb beschwert ... Ha, geschieht ihm recht. Soll er mich doch in Ruhe lassen ...

man selbst will, und dem, was der andere will. Finde heraus, wie für dich der Mittelweg aussehen könnte. Achte dabei darauf, dass jeder dem anderen ein bisschen entgegenkommen muss – also du den anderen genauso wie die anderen dir.

- **Sei geduldig und kreativ**

Gute Verhandlungspartner sind geduldig und kreativ: Manchmal lassen sich scheinbar ausweglose Situationen lösen, indem man das Problem noch einmal neu betrachtet oder nach einer ungewöhnlichen Lösung sucht.

Wirst du schnell auf deine Geschwister eifersüchtig?

Versuche, möglichst ehrlich mit dir selbst zu sein, und kreuze bei jeder Frage die Antwort an, die eher auf dich zutrifft.

Deine Schwester und/oder dein Bruder bekommen neue Klamotten.
1   Dann will ich auch sofort neue Klamotten.
2   Ich freue mich für sie, beim nächsten Shoppen bin ich wieder dran.

Vergleichst du dich oft mit deinen Geschwistern?
1   Ja.
2   Nein.

Deine Eltern waren übers Wochenende weg und haben für jedes Kind etwas mitgebracht.
1   Wahrscheinlich bekomme ich wieder das blödeste Geschenk von allen.
2   Ich freue mich drüber.

Deine Schwester und/oder dein Bruder haben Ärger mit deinen Eltern.
1   Ist mir doch egal.
2   Ich frage, was sie haben, und versuche, sie zu trösten.

Deine Geschwister dürfen manchmal länger aufbleiben als du. Schlimm?
2   Nein, wahrscheinlich gibt es Gründe dafür.
1   Ja, das finde ich total ungerecht.

Deine Schwester/dein Bruder ist besser in der Schule und bekommt für jede Eins zwei Euro.
2   Ich freue mich für sie/ihn und versuche auch, besser in der Schule zu werden.
1   Das ist so was von unfair!

Du bekommst Ärger mit deinen Eltern, wenn du in der Wohnung Fußball spielst – deine Geschwister nicht ...

2 Ich schieße halt auch viel doller ...
1 Typisch, ich kriege immer die »Rote Karte«.

Zähl zusammen, wie viele Punkte du hast, trag sie in das Kästchen ein und lies unten nach, ob du schnell eifersüchtig bist oder nicht.

Punktzahl:

☐ Auswertung

7 bis 10 Punkte: Du wirst schnell eifersüchtig

Du wirst momentan ganz schön schnell eifersüchtig. Und das ist kein schönes Gefühl, stimmt's? Hast du selbst eine Idee, woran das liegen könnte? Fühlst du dich nicht fair behandelt? Hast du den Eindruck, für dich gelten andere und strengere Regeln als für deine Geschwister? Vielleicht tut es dir gut, wenn du mal versuchst, mit deiner Mutter oder deinem Vater darüber zu sprechen.

11 bis 14 Punkte: Du bleibst gelassen

Okay, manchmal bist du schon ein bisschen eifersüchtig auf deine Geschwister, aber das ist ganz normal. Denn im Großen und Ganzen fühlst du dich nicht zurückgesetzt, sondern hast Verständnis dafür, dass die Dinge bei euch zu Hause so geregelt sind, wie es ist.

> Ich hab 11 Punkte, aber manchmal bin ich dann nicht mehr sooo gelassen, vor allem wegen Felix! Er darf abends bis zehn Uhr unterwegs sein, und ich muss schon um acht zu Hause sein. Pah! Außerdem muss er nie die Geschirrspülmaschine ausräumen, weil er ja ab und zu den Rasen im Garten mäht...

Tipps: Was tun bei Eifersucht?

Eifersucht auf deinen Bruder oder deine Schwester kann ganz unterschiedliche Gründe haben, oft kommen sogar mehrere zusammen. Hier sind ein paar Tipps, was du tun kannst, damit du in Zukunft nicht mehr so schnell eifersüchtig wirst.

- **Eifersucht ist ein wichtiges Signal**

Eifersucht ist nicht einfach nur ein blödes Gefühl, sondern hat auch eine wichtige Funktion! Das bohrende, manchmal richtig fiese Gefühl macht einen nämlich darauf aufmerksam, das etwas in der Beziehung zu den anderen nicht stimmt. Besser ist, man spricht das einfach mal an.

- **Rede über deine Gefühle**

Wenn du meinst, deine Eltern ziehen deinen Bruder oder deine Schwester vor, kümmern sich nicht genug um dich oder behandeln dich unfair, dann kannst du zum Beispiel sagen: »Manchmal habe ich fast ein bisschen Angst, dass ich euch nicht so wichtig bin (dass ihr vergesst, das ich auch noch da bin) ...« oder »Irgendwie fühle ich mich so oft ungerecht behandelt, ich glaube, ihr mögt mich nicht so gern wie die anderen ...«. Hinter eifersüchtigen Gedanken oder Gefühlen steckt oft eigene Unsicherheit bzw. das Gefühl, nicht so wichtig zu sein wie die anderen. Über solche Gefühle oder Ängste kann man ruhig mal miteinander sprechen, und dann zeigt sich oft, dass man sich die Sorgen ganz umsonst gemacht hat oder dass es ein Missverständnis gab. Das Gute ist: Wenn man miteinander redet und seine Sorgen mit den Eltern und/oder Geschwistern in der Familie teilt, dann wächst das Zusammengehörigkeitsgefühl, und es geht einem schon gleich viel besser. Und außerdem können die anderen dann besser verstehen, warum du so eifersüchtig bist.

• **Sei ehrlich zu dir und zu den anderen**
Dazu gehört auch, fair zu sein, keine Show abzuziehen oder irgendetwas vorzuspielen, was gar nicht stimmt. Wenn du eifersüchtig bist, dann steh dazu. Jeder ist nämlich mal eifersüchtig auf andere, das ist ganz normal.

Du und die Schule

Manchmal finde ich die Schule richtig zum Kotzen. Ich hasse Frühaufstehen, und die ersten beiden Stunden lümmele ich meistens im Halbschlaf auf meinem Stuhl. Außerdem hängen an meiner Schule jede Menge Idioten rum, vor denen man sich ständig in Acht nehmen muss – nicht nur Lehrer, sondern auch andere Schüler, die einen fertigmachen wollen. Wenn man so eine halbe Portion ist wie ich, muss man ständig aufpassen. Gott sei Dank kann ich Judo und bin ziemlich fix, und wenn das alles nichts hilft, fällt mir meistens irgendwas ein, wie ich mich aus der Klemme ziehe. Könnte ich aber drauf verzichten. Wieso gibt's die Schule überhaupt?

Die Frage, ob man auf die Schule nicht verzichten könnte, ist leider völlig überflüssig. In Deutschland gibt es für Kinder und Jugendliche eine Schulpflicht bis zur 9. oder 10. Klasse – und so lange muss man hin.

Andererseits: So schlimm ist das nun auch wieder nicht. Schließlich hat fast jeder Schulfächer, die ihm richtig Spaß machen. Und Englisch zu lernen ist ja auch nicht schlecht. Wie soll man sonst die ganzen coolen neuen Songs aus England oder Amerika verstehen? Außerdem lernt man in der Schule viele andere Jungs und Mädchen in seinem Alter kennen und kann neue Freundschaften knüpfen.

Wie sieht es bei dir aus? Gehst du ganz gern in die Schule? Wie ist die Stimmung so in deiner Klasse? Versteht ihr Schüler euch untereinander gut? Gibt es Nervensägen in eurer Klasse? Wie sind eure Klassensprecher? Habt ihr nette Lehrerinnen und Lehrer? Sind die streng? Sehr langweilig? Oder vielleicht sogar manchmal ganz witzig?

Jede Schule ist eine Welt für sich. Da gibt es die Jungs und Mädchen in deiner Klasse, in euren Parallelklassen, in den Klassen über und unter euch, es gibt die vielen Lehrerinnen und Lehrer, den Hausmeister, den Schuldirektor oder die Schuldirektorin und dann noch jeden Tag die vielen verschiedenen Schülerinnen und Schüler auf dem Schulhof. Bei so vielen Leuten um dich herum kann es auf jeden Fall bestimmt nicht schaden, wenn du ein paar gute Überlebensstrategien kennst, damit du überall und mit möglichst jedem gut klarkommst.

> Meine Schule ist ziemlich groß, und die ersten Tage, als ich dort in die fünfte Klasse gekommen bin, war das da für mich alles andere als eine Komfortzone! Ich war total froh, wenn ich in der Pause auf dem Schulhof Felix gesehen habe. In meiner Klasse habe ich sicherheitshalber sofort allen Jungs erzählt, dass ich einen großen Bruder habe. Weil manche, die waren so viel größer und stärker als ich, da hab ich gedacht, das kann nicht schaden, wenn sie wissen, wer Felix ist ...

Überlebensstrategien für die Schule

Zwei Sachen sind vor allem wichtig:

1. Stress mit Lehrern oder Mitschülern möglichst auf ein Minimum beschränken
Indem man zum Beispiel weiß, wie man seinen eigenen Standpunkt gut behauptet, wie man Körpersprache versteht und gezielt einsetzen kann, wie man andere durch cooles und lockeres Auftreten beeindrucken und so für sich selbst Sicherheit gewinnen kann.

2. In der Schule gut mitkommen, damit man dort nicht länger als nötig bleiben muss.
Niemand sitzt gerne nach oder macht seitenlange Strafarbeiten – spar dir das. Hilfreich ist, wenn man weiß, was einen zum Lernen antreibt, wie man möglichst lässig lernt und wie man sich mit geschickten Ausreden aus der Affäre ziehen kann, falls man es mal nicht geschafft hat, seine Aufgaben rechtzeitig zu erledigen.

Körpersprache: Den eigenen Standpunkt behaupten

Wie gut du deinen eigenen Standpunkt behaupten kannst, hat nicht nur etwas damit zu tun, wie gut deine Argumente sind und ob sie besonders klug sind oder nicht, sondern auch damit, wie du diese Argumente vorträgst. Mit diesem »wie« ist deine Körpersprache gemeint. Forscher haben nämlich herausgefunden, dass Menschen immer dann besonders überzeugend auf andere wirken, wenn ihre Körperhaltung und Körpersprache mit dem übereinstimmen, was sie gerade sagen.

In einer Untersuchung mit amerikanischen Geschäftsleuten haben die Forscher herausgefunden, wann die Geschäftsleute besonders erfolgreich mit Kunden gesprochen haben. Dabei wurde untersucht, zu wie viel Prozent dabei die Körpersprache, die Stimme und der Inhalt der Gespräche eine Rolle gespielt haben. Das Ergebnis ist ziemlich beeindruckend:

Die Körpersprache macht 55 % des Erfolgs aus.
Die Stimme macht 38 % des Erfolgs aus.
Der Inhalt macht 7 % des Erfolgs aus.

Es ist also recht Erfolg versprechend, sich mal etwas genauer mit der Körpersprache zu beschäftigen.

Fangen wir mal bei der Körperhaltung und dem dazugehörigen Standpunkt an. Wenn du Lust hast, stell dich vor den Spiegel und probier die verschiedenen Haltungen und Posen auch mal aus. Die Beschreibungen übertreiben ein bisschen, damit man sich die Pose besser vorstellen und sie nachmachen kann. Beim Ausprobieren wirst du merken, dass deine Körperhaltung auch in dir selbst ganz unterschiedliche Gefühle auslöst.

Gerade und locker – der coole Typ

Wenn du gerade und aufrecht mit beiden Beinen fest auf dem Boden stehst, wirkt das auf andere ebenfalls aufrecht und überzeugend. Mit anderen Worten: Sie sehen, dass dort jemand steht, der sich sicher fühlt und weiß, was er will.

Folgende Merkmale sind typisch für eine überzeugende Körperhaltung:

- Du stehst gerade und aufrecht, deine Beine stehen etwa hüftbreit auseinander.

- Dein Oberkörper ist aufgerichtet, sodass du gut und locker ein- und ausatmen kannst.
- Dein Kopf ist in der Mitte, weder hängt er nach vorn, noch ist er nach hinten gekippt.
- Die Schultern sind gerade – weder ziehst du sie hoch, noch lässt du sie hängen.
- Deine Arme liegen entspannt neben dem Oberkörper.
- Dein Blick ist geradeaus und offen.
- Du nimmst den Raum, auf dem du mit beiden Füßen stehst, voll und ganz ein.

Angriffslustig und angespannt – der Macho
Du kannst auch mit beiden Beinen fest auf dem Boden stehen und dabei extra viel Platz für dich beanspruchen, indem du dich breitbeinig aufbaust. Wenn du dann auch noch deinen Oberkörper anspannst und dein Kinn leicht vorreckst, dann wirkt das auf andere angriffslustig. Mit anderen Worten: Sie sehen, dass dort jemand steht, der stark und wichtig sein will.

Folgende Merkmale sind typisch für eine angriffslustige Körperhaltung:
- Du stehst mit extra breiten Beinen da und beanspruchst so möglichst viel Platz. Das vergrößert dein Territorium!
- Dein Oberkörper ist leicht vorgebeugt und zeigt: »Ich bin bereit, jederzeit zu handeln!«

- Dein Kopf ist leicht vorgestreckt – vor allem das Kinn. Das wirkt auf andere energisch und angriffslustig.
- Die Schultern sind gerade – wobei echte Machos meistens hart trainieren, um möglichst breite Schultern zu haben. Oder sie ziehen sich extra Pullis oder Jacken an, in denen die Schultern breit und männlich wirken.
- Deine Arme sind leicht vom Oberkörper abgewinkelt, das macht dich noch breiter. Du kannst dir vorstellen, du hättest Rasierklingen unter den Armen, dann hast du die richtige Macho-Haltung.
- Deine Hände hältst du so, als hättest du einen imaginären Colt in der Hand, so wie in einem alten Western mit John Wayne.
- Deine Augen hast du leicht zusammengekniffen, so als würdest du am Horizont ein paar Angreifer vermuten, dein Blick ist abschätzend.
- Du befindest dich jetzt mit deinem Körper in

einer Haltung, als müsstest du jederzeit damit rechnen, dass dich jemand angreift.

Unsicher und schüchtern – das Weichei
Du kannst dich aber auch so hinstellen, dass du auf andere wirkst wie ein schüchterner kleiner Junge, der sich am liebsten hinter seiner Mutter verstecken würde – ganz nützlich, wenn du etwas ausgefressen hast. So kann es dir passieren, dass man dich total übersieht.

Folgende Merkmale sind typisch für eine unsichere Körperhaltung:
- Du stehst mit eng nebeneinandergestellten, leicht eingeknickten Beinen da und beanspruchst so wenig Platz wie möglich. Das wirkt bei anderen so, als seist du überhaupt nicht wichtig.
- Knick in den Knien ein bisschen ein, so als fühlten sie sich ganz weich und wabbelig an.
- Dein Oberkörper ist krumm und eingefallen, und deine Schultern lässt du hängen, so als hättest du gerade eine schreckliche und niederschmetternde Nachricht bekommen.
- Dein Kopf hängt ebenfalls nach unten. Damit vermeidest du, anderen in die Augen schauen zu müssen.
- Deine Arme hast du eng an dich gedrückt und vor dem Oberkörper verschränkt, so als müsstest du dich schützen wie beim Elfmeterschießen.

- Deine Hände sind dabei leicht verkrampft.
- Dein Blick ist niedergeschlagen, und du kannst höchstens von unten zu jemandem aufschauen.
- Du befindest dich jetzt mit deinem Körper in einer Haltung, als müsstest du jederzeit damit rechnen, einen riesigen Ärger und mit ganz viel Pech womöglich sogar eine Tracht Prügel zu bekommen.

Praktische Sache, diese Körpersprache. Wenn man sich ein bisschen damit auskennt, kann man damit echt Eindruck machen. Vor Felix, wenn er mich demnächst wieder ärgert, werde ich mich aufbauen wie ein Macho. Wenn das klappt, dann mache ich das auch bei diesen fiesen Typen, die zwei Klassen über mir sind und mich immer fertigmachen. Wenn ich Mia und ihre Freundinnen sehe, dann lasse ich natürlich den coolen Typen raushängen, ist doch klar. Oder wenn ich demnächst wieder an die Tafel muss, dann natürlich auch. Nur bei der Weichei-Pose weiß ich noch nicht so genau, wofür ich die gebrauchen können soll. Oder Moment! Wenn unser Hausmeister im Winter wieder starke Männer sucht, die bei Wind und Schnee den Schulhof räumen, dann werde ich in mich zusammenfallen und mich unsichtbar machen ...

Was ist ein Pokerface?

Der Ausdruck »Pokerface« kommt tatsächlich vom Pokern bzw. Kartenspielen um Geld und bezeichnet einen möglichst ausdruckslosen, nichtssagenden Gesichtsausdruck. Beim Pokern versuchen die Spieler ja, sich gegenseitig möglichst viel Geld abzunehmen. Wenn man gute Karten hat, sollen die anderen das nicht merken, damit sie mehr Geld riskieren, weil sie denken, sie hätten die besseren Karten. Hat man dagegen schlechte Karten, sollen die anderen das möglichst auch nicht merken, damit sie einen nicht von vornherein ausnehmen können wie eine Weihnachtsgans.

Beim Pokern beobachten sich die Gegner ständig ganz genau. Wenn man dann ein undurchdringliches, nichtssagendes Pokerface aufsetzen kann, ist man im Vorteil. Weil man keinerlei Gefühle (Juchu, ich habe die absoluten Superkarten, yeah!) oder Informationen (Mir fehlt ein Ass!) an den Gegner verrät, sondern vollkommen unbeteiligt ist.

In der Schule oder zu Hause kann es manchmal auch ganz praktisch sein, wenn man ein Pokerface aufsetzen kann. Folgende Merkmale sind typisch für ein Pokerface:

- Man zeigt möglichst wenig Mimik – also Gesichtsbewegungen. Das heißt: kein Lächeln, kein Stirnrunzeln, keine weit aufgerissenen Augen oder zusammengepresste Lippen, sondern alles ganz leidenschaftslos und cool. Tipp: Im Sommer hat man mit einer Sonnenbrille und einem Cap schon mal zwei coole Teile, die von der Mimik ablenken bzw. sogar einen Teil verdecken.

> Das letzte Mal habe ich mein Pokerface aufgesetzt, als Mama unbedingt wissen wollte, ob Felix heimlich bei uns im Garten raucht. Ich finde es zwar reichlich bescheuert, dass er das tut, aber verraten würde ich ihn deshalb trotzdem nicht. Also habe ich erst so getan, als ob ich ihre Frage überhört hätte, und demonstrativ vor mich hin geschwiegen, schön mein Pokerface aufgesetzt, an ihr vorbeigeschaut und irgendwann, als Mama immer lauter wurde, gesagt: »Hä? Nee, wie kommst du denn darauf?«

Begleitet wird das Pokerface übrigens von möglichst sparsamen Handbewegungen und konsequentem Schweigen.

Teamplayer oder Anführer – was ist dein Ding?

Es kann ganz unterschiedlich sein, wie man anderen begegnet, gemeinsame Aufgaben und Projekte erledigt oder wie man mit Verantwortung umgeht … Kreuze einfach bei jeder Frage die Antworten an, die am ehesten auf dich zutreffen.

Dein bester Freund wird 13, und du planst etwas ganz Besonderes für ihn. Was?

A Ich mache eine kleine Überraschungsparty für ihn und lade dazu ein paar coole Jungs und Mädchen ein.
T Ich tue mich mit zwei anderen Freunden zusammen, und wir laden ihn ins Kino ein.
B Ich mache ihm mit Fotos von uns eine witzige Collage für sein Zimmer.

Stell dir vor, du wechselst die Schule und musst dich erst mal orientieren. Wie gehst du vor?

B Ich sammele alle möglichen Informationen, die verteilt werden, und lese sie genau durch.
A Ich suche mir ein paar Jungs, die schon an der Schule sind, und frage sie aus.
T Ich gehe zu allen Treffen und Terminen, die für Schüler angeboten werden.

Was bewundern andere am meisten an dir?

A Dass ich immer die richtigen Leute kenne und mich schnell entscheiden kann.

B Dass ich so spontan und flexibel bin.

T Dass ich engagiert bin und für fast alle Probleme eine Lösung finde.

Du willst dir dein erstes eigenes Geld verdienen und Nachhilfestunden geben. Wie stellst du dir das vor?

B Ich lasse meinen Schüler möglichst viel allein machen und erkläre oder greife nur ein, wenn es nötig ist.

T Ich versuche, möglichst viel mit ihm zusammen zu machen und ihn zum Lernen zu motivieren.

A   Ich mache mir erst mal einen Eindruck davon, was er kann und verstanden hat und was nicht.

Du hast Streit mit deinem Freund – warum?
B   Weil er findet, dass ich in der Schule zu wenig meine eigene Meinung sage.
T   Weil er sagt, dass ich zu wenig Zeit für ihn habe.
A   Weil er meint, dass ich mich zu sehr in den Vordergrund stelle.

Was kannst du an anderen Leuten nicht leiden?
T   Ich kann nicht leiden, wenn andere dauernd Streit suchen oder provozieren.
B   Ich mag es nicht, wenn andere chaotisch und hektisch sind.
A   Mich nervt es, wenn jemand über alles dreimal nachdenken muss.

Du hast einem Freund versprochen, ihm beim Flyer-Verteilen zu helfen, stattdessen musst du aber lernen. Was tust du?
B   Wenn er deswegen total in Stress kommt, helfe ich ihm wahrscheinlich doch.
A   Ich sage ihm, wie es ist – ändern kann ich daran ja eh nichts.
T   Ich sage ihm, dass es mir leidtut, und suche mit ihm zusammen einen Ersatz für mich.

☐ Auswertung

Zähl jetzt nach, welchen Buchstaben du wie oft angekreuzt hast. Unter dem oder den Buchstaben, die du am häufigsten angekreuzt hast, kannst du nachlesen, was für ein Team-Typ du bist – ob du eher jemand bist, der das Kommando übernimmt, der viel für eine gute Teamstimmung tut, oder eher einer, der beobachtet, was gerade so läuft.

Summe: A ☐   B ☐   T ☐

Was du vorher noch wissen solltest: Es gibt keine »guten« oder »schlechten« Team-Typen, sondern einfach nur verschiedene. Deshalb sagt dieser Test auch nichts über deine Leistungen aus, sondern vielmehr darüber, wie du mit anderen klarkommst. Die meisten Teams funktionieren übrigens am besten und laufen oft erst dann zur Hochform auf, wenn sie mit unterschiedlichen Team-Typen besetzt sind ...

Hast du zwei oder sogar drei Buchstaben etwa gleich häufig angekreuzt, dann bist du ein vielseitiger Mix-Typ. Das kommt häufiger vor – in diesem Fall solltest du alle für dich infrage kommenden Auswertungen lesen.

> Ganz ehrlich, Jungs, die immer nur im Mittelpunkt stehen wollen und alle hin und her kommandieren, sind nicht so mein Fall. Ich bin eine Mischung aus Beobachter und Teamplayer. Bei uns in der Klasse ist es eigentlich echt cool – so einen richtigen Anführer oder Macho, der über alle bestimmen will, gibt es gar nicht. Zum Glück! Bei den Mädchen ist das, glaube ich, gerade etwas anders. Da haben wir so zwei, die sich immer gegenseitig anzicken, weil keine von beiden nachgeben will ...

Typ B   Der Beobachter

Du hast gern erst mal den Überblick und beobachtest zunächst, was läuft, bevor du selbst einen aktiven Part übernimmst. Dabei bist du flexibel und kreativ. Außerdem verlässt du dich gern auf dein Bauchgefühl, und meistens liegst du damit gar nicht so falsch. Kann es sein, dass du trotzdem eher abwartend und zurückhaltend bist und gar nicht gern im Mittelpunkt stehst? Das macht es für andere manchmal nicht so einfach, dich richtig einzuschätzen und mit dir zusammenzuarbeiten. Sag ruhig öfter mal deine Meinung und trau dich, auch mal Verantwortung zu übernehmen – du kannst das locker!

Typ T   Der Teamplayer
Du bist jemand, der offen ist und sehr gern mit anderen zusammenarbeitet. Gleichzeitig kannst du prima planen und organisieren. Und weil fast jeder dich kennt und du mit vielen Leuten redest, bist du obendrein auch noch unschlagbar im Sammeln und Weitergeben wichtiger Informationen. Deshalb möchte dich wahrscheinlich jeder gern in seinem Team haben. Manchmal lässt du dich allerdings von deinen Mitschülern zu sehr in Beschlag nehmen, und das Lob für deine Mühe erntet dann jemand anders. Dabei könntest du ohne Weiteres auch mal das Kommando für eine Gruppe übernehmen – ob in der Schule oder im Sportverein. Probier es doch einfach mal aus!

Typ A   Der Anführer
Du stehst gern im Mittelpunkt, kannst dich schnell und sicher entscheiden, und manchmal übernimmst du das Kommando mit so viel Einsatz, dass du so gut wie keinen Widerspruch duldest. Wenn dir dann jemand über den Weg läuft, der nicht so will wie du, der andere Pläne fa-

vorisiert oder langsamer ist als du, dann geht dir das auf die Nerven. Dabei ist es manchmal ganz gut, verschiedene Pläne gegeneinander abzuwägen und nichts zu überstürzen. Auch als Anführer solltest du dich deshalb ab und zu ruhig auf die anderen im Team verlassen – so kannst du nicht nur Sympathiepunkte sammeln, sondern auch neue Erfahrungen machen und dazulernen.

Wer bestimmt eigentlich das Klassenklima?

Manche Schulklassen verstehen sich gut, und alle haben viel Spaß miteinander. Und in anderen Klassen ist es einfach nur schrecklich, weil jeder mit jedem herummeckert und sich alle ständig streiten. Wie kommt das? Wie entsteht eigentlich so ein Klassenklima? Und wer bestimmt das?

Die Antwort darauf ist gar nicht so einfach, denn verschiedene Dinge spielen eine Rolle. Einerseits kommt es natürlich darauf an, wie der Klassenlehrer oder die Klassenlehrerin so sind. Aber es kommt auch auf die Schüler an. Wenn es zum Beispiel in der Klasse einen oder zwei starke Anführer gibt oder eine bestimmte Gruppe, die das Sagen hat, dann kann die Stimmung sehr von diesen Schülern abhängen.

Sind sie gute und faire Anführer, so gehen sie auf Vorschläge von anderen Schülern ein, und so kann jeder in der Klasse mitbestimmen. Sind sie dagegen schlechte Anführer, die sich gegenseitig bekriegen, sich anderen Schülern

gegenüber unfair verhalten oder vielleicht sogar jemanden mobben, wird kein gutes Klima in der Klasse herrschen.

Wichtig zu wissen ist, dass jeder Schüler zum Klima in der Klasse beiträgt – auch du.

Wenn eine Klasse neu zusammenkommt, gibt es anfangs, so wie in jeder Gruppe, eine Orientierungsphase. Jeder probiert verschiedene Sachen in der Gruppe aus. Dabei kommt es auch darauf an, eine eigene Meinung zu vertreten. Auch wenn das manchmal Mut erfordert. Denn in der Orientierungsphase einigt sich die Klasse auf bestimmte Regeln oder Gesetze, und jeder besetzt einen Platz in der Gruppe. Manche Gruppen haben sehr feste und strenge Regeln, andere sind eher lässig und entspannt. Wie die Regeln sind, hängt davon ab, welche Mädchen und Jungen jeweils in einer Klasse aufeinandertreffen. Sind die einzelnen Schülerinnen und Schüler fair zueinander, wird auch ein faires Klima in der Klasse entstehen.

Dazugehören – oder nicht ...

Wenn man neu in eine Gruppe kommt oder wenn man sich anders verhält als die meisten anderen Mitglieder in einer Gruppe, dann kann es sein, dass man ausgeschlossen wird. Es gibt verschiedene Signale, an denen man merken kann, ob man in der Klasse dazugehört.

Man gehört dazu, wenn ...
... sich die anderen für einen interessieren und einen auffordern, sich an gemeinsamen Aktivitäten zu beteiligen.
... sie fair und ehrlich zu einem sind.

... ihnen nicht egal ist, wie es einem geht.
... einen die anderen zu Wort kommen und ausreden lassen.

Daraus kann man eigentlich vier ganz einfache Spielregeln ablesen, die jeder kennen und bei seinem eigenen Verhalten in der Klasse beherzigen sollte.

1. Interessiere dich für die anderen in deiner Klasse und grenze niemanden aus.
2. Verhalte dich fair und ehrlich allen in der Klasse gegenüber.
3. Achte darauf, dass es niemandem schlecht geht.
4. Lass andere auch zu Wort kommen und ausreden.

Wenn es jemanden in deiner Klasse gibt, zu dem du (oder andere) bisher immer abweisend oder unfair gewesen bist, dann denk mal drüber nach, wie sich das wohl für denjenigen oder diejenige anfühlen mag, nicht dazuzugehören. Bestimmt nicht schön.

Das Gute ist, dass man ja sein Verhalten jederzeit ändern kann. Sei einfach in Zukunft ein wenig netter zu ihm oder ihr und berücksichtige die vier Regeln, damit jeder in eurer Klasse dazugehört.

Ausgeschlossen sein

Wenn du in deiner Klasse ausgeschlossen oder von anderen immer wieder geärgert wirst, solltest du etwas dagegen unternehmen. Auf Dauer ist es nämlich eine große Belastung, nicht zu einer Gemeinschaft dazuzugehören. Meistens ist es Zufall, wen sich eine Klasse zum Ärgern oder Ausschließen aussucht. Wenn es dich erwischt hat, dann nimm die Sache nicht persönlich, sondern denke daran, dass zum Ärgern immer zwei gehören – einer, der ärgert, und der andere, der sich ärgern lässt.

Hol dir also unbedingt Hilfe und Unterstützung. Erzähl deinen Eltern davon. Vielleicht hast du auch eine Lehrerin oder einen Lehrer, der nett zu dir ist und zu dem du Vertrauen hast? An jeder Schule gibt es auch sogenannte Beratungs- und Vertrauenslehrer, die speziell für solche Situationen eingesetzt sind. Durch einen Anruf im Schulsekretariat können deine Eltern die Telefonnummern der Lehrer erfahren und Kontakt zu ihnen aufnehmen. Wenn es sehr schlimm ist, kann es auch hilfreich und sinnvoll sein, dass du einfach mal die Klasse wechselst oder sogar die Schule. Manchmal nützt es nichts, zu versuchen, eine verfahrene Situation zu ändern, und es ist besser, anderswo einen neuen Start zu machen. Jeder hat nämlich ein Recht darauf, in die Klassengemeinschaft aufgenommen zu werden.

Wie hältst du's mit deinen Hausaufgaben?

Hausaufgaben können ziemlich nerven. Vor allem, wenn man auch noch unter Zeitdruck ist, weil man viel zu spät angefangen hat ... Wie ist das bei dir mit der Zeit? Bist du schnell gestresst? Oder lässt du es gaaaanz ruhig angehen? Kreuze einfach bei jeder Frage die Antworten an, die auf dich zutreffen – das können auch mehrere sein.

Was tust du, wenn du zu viel um die Ohren hast?
S   Ich lege Nachtschichten ein.
B   Ich habe eigentlich nie zu viel zu tun.
C   Ich erledige mehrere Sachen gleichzeitig.
D   Ich mache das Wichtigste zuerst.
P   Ich konzentriere mich auf eine Sache.

Du hast einem Freund versprochen, ihm vor dem Ferienbeginn ein Computerspiel mitzubringen – und nun hast du es vergessen. Was tun?
D   Ich sage, mein Bruder brauchte es, oder überlege mir schnell eine andere Ausrede.
S   Ich verspreche, nach den Ferien daran zu denken.
B   Ich hab's eben vergessen, kann doch mal passieren.
P   Ich habe ein schlechtes Gewissen.
C   Ich bringe ihm das Spiel am ersten Ferientag vorbei.

Mit ein paar Jungs aus deiner Klasse überlegst du, wann ihr euch wieder treffen wollt ... Was ist dir am liebsten?

S   Am besten, wir machen direkt etwas aus.
C   Wir telefonieren uns spontan zusammen.
P   Jemand sollte die Planung in die Hand nehmen.
B   Das ergibt sich schon irgendwie.
D   Wir sollten uns einfach immer an einem bestimmten Wochentag treffen.

Bei einer Gruppenarbeit in der Schule ist mal wieder was schiefgelaufen. Wie reagierst du?

B   Davon geht die Welt nicht unter!
P   Ich hätte das sowieso am liebsten ganz anders gemacht.
S   Ich versuche, das Problem noch irgendwie zu lösen.
D   Ach, das kommt schon mal vor – na und?
C   Keine Panik, das wird schon wieder.

Geburtstag, Schule, Treffen mit Freunden: Bist du pünktlich?

S   Meistens
C   Leider so gut wie nie
P   Auf die Minute!
B   Ich trödele eigentlich immer.
D   Bin sogar oft zu früh.

Du und dein Wecker – was trifft da am ehesten zu?

S   Er klingelt/Jemand ruft – ich steh auf.

D   Ich bleibe meistens noch bestimmt 10 Minuten liegen.

P   Ich bin meist vorher wach.

B   Ich verschlafe oft, weil ich ihn/den Weckruf überhöre.

C   Er klingelt/Jemand ruft oft viel zu spät.

Um Zeit zu sparen, erledige ich Hausaufgaben …

P   … möglichst immer gleich.

B   … manchmal weniger genau.

D   … wohl überlegt.

S   … sehr konzentriert.

C   … so schnell es geht.

☐ Auswertung

Es ist unterschiedlich, wie jeder Mensch auf Zeitdruck reagiert. Die folgenden Typen sind vielleicht ein bisschen übertrieben – aber nur, um zu zeigen, welche Vor- und Nachteile damit jeweils verbunden sind. Meistens ist man ein Mix-Typ von zwei, manchmal sogar drei Typen. Keiner davon ist gut oder schlecht, sondern zu jedem gehören bestimmte Stärken und Schwächen.

Zähl zusammen, wie oft du welche Buchstaben angekreuzt hast. Bei welchen zwei oder drei Typen hast du die meisten Punkte?

Summe: S ☐ C ☐ D ☐ P ☐ B ☐

S = der Schnelle
Leerlauf gibt's bei dir so gut wie nie! Du bist vor allem an schnellen Ergebnissen interessiert, willst möglichst viel in möglichst kurzer Zeit erreichen. Meistens steuerst du direkt auf dein Ziel zu, andere halten dich deshalb vielleicht manchmal für einen Streber.

Tipps für dich:
- Schalte ab und zu einen Gang zurück und sei etwas geduldiger mit dir und anderen. Hektik tut auch nicht gut, und oft ist sie der Grund für Fehler.
- Versuche im Team, nicht alles gleich allein zu entscheiden, sondern warte ab, was die anderen meinen.

C = der Chaot

Ohne Druck läuft bei dir gar nichts. Du wirst erst dann aktiv, wenn der Großteil deiner Zeit schon vertrödelt ist. Kleinkram erledigst du zwar, wenn's sein muss, aber alles andere verschiebst du lieber. Unter Stress läufst du aber zur Hochform auf, da kann man sich auf dich verlassen. Außerdem kannst du andere dann auch gut überzeugen und mitreißen.

Tipps für dich:

- Erledige wichtige Dinge am besten gleich morgens oder nach der Schule. Alles, was du in den Nachmittag oder Abend schleppst, wird sonst wahrscheinlich nicht erledigt.
- Mach immer erst eine Sache fertig, bevor du die nächste startest!

D = der Denker

»Will ich das wirklich?« – »Was meinst du dazu …?« Fragen, über die du stunden- oder manchmal sogar tagelang nachdenken kannst. Es fällt dir eben schwer, dich zu entscheiden. Das bremst dich im Alltag und kostet viel Zeit, die dir dann zum Entspannen fehlt. Grund dafür ist dein Sicherheitsbedürfnis: Du möchtest so gern alles richtig machen. Was du gar nicht magst, ist Zeitdruck – der bringt dich sofort in Not.

Tipps für dich:
- Vermeide Zeitdruck, indem du wichtige Sachen möglichst früh und klar absprichst.
- Verlass dich bei Entscheidungen ruhig öfter auf dein Gefühl, du kannst darauf vertrauen.

P = der Perfektionist

Deine Devise heißt: »Alles oder gar nichts!« Du möchtest deine Aufgaben möglichst perfekt machen, sonst kannst du es ja gleich lassen. Die Kehrseite deiner Devise: Du bist sehr kritisch, und die Angst vor Fehlern verfolgt dich bei fast allem, was du tust. Deshalb bist du oft unzufrieden und setzt dich selbst und andere damit unter Druck. Gelingt dir etwas nicht wie geplant, hast du schnell ein schlechtes Gewissen.

Tipps für dich:
- Je mehr du planst, desto weniger Zeit bleibt dir für die Umsetzung. Manchmal ist es gut, eine Sache einfach mal ohne Wenn und Aber zu erledigen.
- Perfektion hat auch Grenzen: Es ist ganz normal, dass man mal Fehler macht, das gilt auch für dich!

B = der Bummler

Herumtrödeln, faulenzen, Löcher in die Luft gucken: Was andere vor allem in den Ferien oder am Wochenende tun, ist für dich ganz normaler Alltag. Du bist wenig ehrgeizig, durch nichts aus der Ruhe zu bringen und so relaxt, dass du deine Familie oder Freunde damit manchmal schon nervst. Egal was: Du machst es immer erst dann, wenn es gar nicht mehr anders geht. Aber Achtung: Bummele lieber nicht zu arg, sonst kann es sein, dass es den anderen mit dir irgendwann auch mal zu langweilig wird.

Tipps für dich:
- Du brauchst ein paar Regeln: Versuch einfach mal, pünktlich zu sein und Versprechen einzuhalten. Vielleicht gefällt es dir ja sogar, wenn manche Sachen dann

schnell erledigt sind, statt immer wieder neu verschoben zu werden.

- Etwas zu tun ist oft nicht nur eine lästige Pflicht, sondern kann dir auch Anerkennung bringen. Probier's mal aus.

> 4 x C, 3 x B, 3 x S, 2 x D – ALSO 4 X CHAOT UND 3 X BUMMLER!!! Okay, auch 3 x der Schnelle und 2 x der Denker. Aber ein gewisser Hang zum Chaotentum lässt sich da wohl nicht verbergen ... Na und?! Da bin ich stolz drauf! Wenn es nach mir ginge, wären Hausaufgaben sowieso verboten, genau wie Kinderarbeit! Und die Lehrer, die haben eh keine Zeit, die Aufgaben einzusammeln. Mit anderen Worten: Die interessieren eigentlich keinen! Wenn ich an unserer Schule was zu sagen hätte, würde ich als Erstes die Hausaufgaben abschaffen. Und die Schule würde nicht morgens um 8 Uhr anfangen, sondern um 10 Uhr. Dafür wäre dann aber auch früher Schluss, damit man auch noch was vom Nachmittag hat ...

Lässig lernen

Mit ein paar einfachen Tricks kannst du dir das Lernen leichter machen – natürlich nur, wenn du willst. Vielleicht gefällt dir ja der eine oder andere Vorschlag, und du probierst ihn mal aus?

Glaub an dich

Blöde Gedanken wie »Das kann ich sowieso nicht«, »Das schaffe ich nie«, »Das klappt bestimmt nicht« oder »Ich bin so ein Loser ...« kommen aus dir selbst – du kannst also auch lernen, sie zu kontrollieren. Formuliere dir dazu positive Sätze, die du dir innerlich vorsprichst, wenn's drauf ankommt (»Ich kann das, wenn ich will«, »Dieses Mal schaffe ich das«, »Das klappt bestimmt« oder »Ich bin ein Crack, ich krieg das hin« ...).

Finde heraus, wie du am besten lernst
Dieser Punkt betrifft die »Technik«. Kommst du besser allein voran? Oder in einer Gruppe? Probier's einfach mal aus. Ebenfalls wichtig: Womit lernst du am besten?
a) mit den Händen: Du behältst das am besten, was du dir selbst einmal aufgeschrieben hast.
b) mit den Augen: Du kannst all das gut behalten, was du gesehen hast (etwa farbig gemarkerte Textstellen).
c) mit den Ohren: Du merkst dir gut, was du gehört hast, zum Beispiel, wenn dir jemand die Vokabeln einmal laut vorgelesen hat.

Was liegt dir gut? Vielleicht kombinierst du auch verschiedene Lernarten.

Entdecke deine Leistungskurve
Jeder hat eine persönliche Leistungskurve, die den Tag über schwankt. Manche können zum Beispiel ganz früh morgens am besten lernen, andere laufen dagegen erst am Abend zur Hochform auf ... Achte mal drauf, wann du Sachen, die du gelernt hast, am besten behältst. Ganz allgemein haben Forscher herausgefunden, dass unser Gehirn vormittags am leistungsfähigsten sein soll, morgens zwischen neun und zehn Uhr am kreativsten, von elf bis zwölf Uhr am schnellsten – und am späten Nachmittag zwischen fünf und sieben Uhr soll das Erinnerungsvermögen am besten funktionieren.

Mach dir einen Zeitplan

Am besten funktioniert eine Art Stundenplan, für den du alles, was du lernen musst, in kleine Portionen aufteilst. Zum Beispiel: jeden Tag fünf oder zehn Vokabeln lernen, jeden Tag soundso viele Seiten lesen, jeden Tag eine Matheaufgabe … So vermeidest du Zeitdruck und Hektik. Du kannst auch Schwerpunkte setzen: In der Woche x lernst du Bio, weil ihr da demnächst eine Arbeit schreibt. Und formuliere dir klare Aufgabenziele. Ziele, die man abhaken kann, sind das beste Mittel gegen ein schlechtes Gewissen.

Lass dich nicht stören

Deine Freunde, die draußen Fußball spielen? Dein Magen, der grummelt, weil du Hunger hast? Deine kleine Schwester, die wieder viel zu laut ihre Prinzessinnen-Tanz-CD hört? Finde heraus, was dich beim Lernen kribbelig macht, und versuche, vorher dafür zu sorgen, dass dich nichts ablenkt. Setz dir zum Beispiel Kopfhörer auf und lerne nicht ausgerechnet dann, wenn andere zur selben Zeit gerade etwas Cooles unternehmen. UND: Mach deine Aufgaben möglichst immer fertig! Aufhören, anfangen, aufhören, noch mal anfangen kostet viel zu viel Zeit und macht dich nur nervös.

Verlass dich auf deine eigenen Ideen

Egal ob Schulkameraden oder Eltern: Lass dich beim Lernen nicht zu sehr von anderen beeinflussen – vertrau

> Auch wenn ich die Schule manchmal hasse ... ich will ja nicht blöd durchs Leben laufen, irgendwas lernen will ich schon. Also gehe ich hin. Damit ich meine Zeit nicht unnötig verschwende, habe ich auch keine Lust, sitzen zu bleiben. Ich will auf keinen Fall noch ein Jahr länger auf diesen unbequemen Stühlen herumkippeln ... das ist echt unnötig.

lieber auf deine eigenen Ideen und dein Gefühl. Wenn du mit Musik gut lernen kannst, warum nicht? Ein spannender Punkt: Du kannst dir bestimmte Rituale ausdenken. Manche Sportler hören zum Beispiel immer den gleichen Song, bevor sie an den Start gehen, essen morgens ein bestimmtes Power-Frühstück, das ihnen guttut. Finde heraus, was für dich funktioniert.

Sei stolz auf dich

Wenn du eine Aufgabe gut erledigt oder eine Arbeit gut geschrieben hast, vergleiche dich nicht mit den Allerbesten, sondern freu dich über dein Ergebnis. Denn wenn du dich vorher angestrengt hast, verdienst du dafür auch Anerkennung. Vor allem von dir selbst.

Was treibt dich an?

Jeder hat so eine Art Motor, der einen antreibt. Wie deiner läuft, kannst du hier herausfinden! Kreuz einfach alle Sätze an, denen du spontan zustimmen kannst oder die auf dich zutreffen, ohne lange darüber nachzudenken!

- 4 Supergute Zeugnisse sind nicht das Wichtigste im Leben.
- 1 Ich wäre (bin) gern Klassensprecher.
- 5 Ich hätte keine Angst davor, mir allein einen Schülerjob zu suchen.
- 2 Meine Eltern sind mir sehr wichtig.
- 1 Ich mache manchmal im Unterricht Quatsch, weil ich es mag, wenn die anderen lachen.

3	Ich habe Angst vor schlechten Noten.
1	Meine Clique ist mir sehr wichtig.
3	Ich bin froh, wenn ich später mal nicht mehr in die Schule muss.
5	Ich kann es gar nicht erwarten, mal ohne Eltern und Geschwister auf eine Reise zu gehen.
2	Ich möchte mal so erfolgreich sein wie mein Vater.
4	Ohne mein Hobby könnte ich nicht leben.
3	Ich wünschte, ich hätte in der Schule weniger Stress.
5	Ich freue mich schon darauf, später mal eigenes Geld zu verdienen.
4	Ich kämpfe gern für eine gute Sache.
1	Ich habe schon mal jemanden angequatscht, nur um meinen Freunden zu imponieren.
2	Das Schlimmste für mich ist Stress mit meinen Eltern.
4	Ich liebe es, meine Fähigkeiten und Talente auszuleben.
5	Ich hasse es, wenn andere über mein Leben bestimmen wollen.
2	Wenn ich gut in der Schule bin, habe ich es zu Hause leichter.
3	Ich sehne mich so nach den nächsten Sommerferien.

☐ Auswertung

Zähl nach, welche Ziffer du am häufigsten angekreuzt hast und lies nach, was dich anspornt.

Summe: 1 ☐   2 ☐   3 ☐   4 ☐   5 ☐

Wenn du mehrere gleich oft angekreuzt hast, lies alle entsprechenden Auflösungen – so ein Ergebnis ist nicht selten, da es häufig verschiedene »Motoren« sind, die einen anspornen, etwas gut zu machen.

1 = Publikum
Dein »Motor« läuft am besten, wenn du ein Publikum hast. Du bist nämlich ein Leistungs-Typ, dem die Anerkennung von anderen (Gleichaltrigen) sehr wichtig ist. Dir kommt's vor allem darauf an, wie die anderen dich finden. So ein Bedürfnis nach Anerkennung kann man schon fast zu den Grundbedürfnissen aller Menschen zählen – trotzdem solltest du immer mal wieder überprüfen, ob du dich nicht zu sehr von der Meinung der anderen abhängig machst. Das kann sehr anstrengend sein!

2 = deine Eltern
Ob du gerade eine Mathearbeit geschrieben hast oder bei einem Theaterstück mitspielst: Meistens denkst du ir-

gendwann an deine Eltern. Sie spielen in deinem Leben eine wichtige Rolle – du hast ein großes Bedürfnis danach, von ihnen anerkannt zu werden. Ein ganz natürlicher Wunsch, der dir manchmal aber auch das Leben schwer machen kann. Denn was deine Eltern vernünftig und gut finden, können deine Freunde (und auch du) zum Beispiel todlangweilig finden. Trau dich ruhig, bei deiner eigenen Meinung zu bleiben.

3 = Stress und Angst
Kann es sein, dass du die Schule zurzeit als ziemlich stressig erlebst? Vielleicht machst du (oder jemand anders) dir gerade ziemlich viel Druck. Dir sitzt die Angst im Nacken, das, was du dir so fest vorgenommen hast, nicht zu schaffen. Dein Motor ist also nicht Spaß, sondern Stress und Angst treiben dich an. Das ist anstrengend und kostet auf Dauer viel Energie.

Für dich sind zwei Dinge wichtig: 1. Nimm dir ab und zu Zeit zum Faulsein – Nichtstun ist ein guter Ausgleich für deinen Stress. 2. Such dir eine Sache, bei der deine Leistung nicht so im Vordergrund steht. Vielleicht fällt dir ja spontan eine ein? Falls nicht, solltest du dir zwischendurch immer wieder Beschäftigungen suchen, die dir keinen Druck machen, zum Beispiel mit kleineren Geschwistern spielen, einen Kuchen backen, dich um den Hund eurer Nachbarn kümmern … oder … oder.

4 = Engagement

Du bist weder besonders auf Anerkennung von außen angewiesen (z. B. Freunde oder Eltern), noch treibt dich Leistungsdruck an: Für dich ist es einfach das Größte, etwas Eigenes auf die Beine zu stellen. Sei es, dass du über deine Lieblingsbeschäftigungen ein Talent »auslebst«, sei es, dass du dich für eine Sache engagierst. Einerseits ist es toll, wenn man so unabhängig ist wie du – aber wenn andere nicht nachvollziehen können, warum du dich so für eine Sache begeisterst, kann es dir auch passieren, dass du zum Einzelgänger wirst, ohne es zu merken.

5 = Unabhängigkeit

Wenn du etwas nicht leiden kannst, dann sind es Leute, die alles besser wissen: Du magst einfach nicht, wenn andere über dein Leben bestimmen wollen! Du hast ein großes Bedürfnis nach Unabhängigkeit, möchtest Dinge selbst entscheiden. Aber bedenke auch: Für deine Eltern ist es manchmal vielleicht schwer, mit so einem Energiebündel wie dir klarzukommen. Wenn sie dich bremsen wollen, flippe nicht gleich aus! Vielleicht haben sie ja mit manchen Einwänden gar nicht so unrecht?

Du und deine Gefühle

Mit den Gefühlen ist das so eine Sache. Viele Jungs reden nicht so gern über ihre Gefühle, aber sie sind trotzdem da. Wenn man glücklich ist, ist das Leben so richtig schön und unbeschwert. Wenn man allerdings traurig ist oder Streit mit jemandem hat, ist alles gleich viel schwerer und irgendwie grau.

Manchmal können einen Gefühle auch ratlos machen. Dann weiß man nicht so richtig, wie es einem eigentlich wirklich geht. Oder fragt sich plötzlich, warum man sich so seltsam fühlt.

> Bei mir ist das zum Beispiel oft so, wenn ich in der Pause die Mädchen aus meiner Klasse treffe. Mia und ihre Freundinnen kichern dann immer. Und ich weiß nie, ob sie das machen, weil sie über mich lachen. Oder weil sie mich cool finden ... Ich mag Mia ja eigentlich, aber in diesen Momenten finde ich sie auch irgendwie doof und albern und ärgere mich. Und dann ist da noch so ein ganz komisches, ziehendes Gefühl ... Das ist schon seltsam.

Fast jeder Junge erlebt auch mal, dass er sich ausgeschlossen und allein fühlt. Vielleicht, weil die anderen in der Gruppe etwas haben oder tun, was er nicht hat oder nicht tun möchte. Dann gehört man plötzlich nicht (mehr) dazu und steht da wie ein Außenseiter. Das ist kein schönes Gefühl.

Bei allen Gefühlen, die einem Sorgen machen oder auf der Seele liegen, ist es am besten, wenn man sie anspricht. Denn das ist der schnellste Weg, Klarheit über die Gefühle zu bekommen. Wenn man unsicher ist oder ein komisches Gefühl wegen irgendetwas hat, kann man zum Beispiel seinen besten Freund um Rat fragen. Oder man kann sich den Eltern oder älteren Geschwistern anvertrauen. Vielleicht in der Schule auch einem Vertrauenslehrer.

Erste Hilfe bei Streit, Wut und Tränen

Manchmal kann man auch total wütend werden – vor allem, wenn andere einen ärgern oder beleidigen. Dann kann man vor lauter Wut keinen klaren Gedanken mehr fassen, sondern würde am liebsten nur noch um sich schlagen oder treten. Und macht das dann vielleicht auch, weil man sich nicht mehr anders zu helfen weiß …

Ungünstig, wenn dann gerade die Eltern oder Lehrer um die Ecke kommen und das alles mitkriegen. Dann wissen sie ja sofort, wer Schuld hat, stimmt's? Dabei ist das meistens gar nicht so klar.

Was tun bei Streit?

Hört sich jetzt vielleicht komisch an, aber Streiten ist etwas vollkommen Normales zwischen Geschwistern, Freunden oder auch Mitschülern. Wenn man sich häufiger sieht und zusammen ist, bleibt es eben auch nicht aus, dass man verschiedene Ansichten oder Meinungen über eine Sache hat oder mal voneinander genervt ist. Manchmal sind Streits wichtig, um eine Sache zu klären, oder auch, damit sich eine Freundschaft weiterentwickeln kann.

Macht dir Folgendes klar:
1. Zu jedem Streit gehören zwei!
2. Es hat wenig Zweck, bei einem Streit den oder die »Schuldige/n« zu suchen.
3. Alle, die an einem Streit beteiligt sind, tragen auch die Verantwortung dafür, eine gute Lösung zu finden, um den Streit beizulegen.
4. Es kann auch sein, dass man keine Lösung findet und weiterstreitet.
5. Wird das zum Dauerzustand, kann es hilfreich sein, sich eine Zeit lang aus dem Weg zu gehen.

Manchmal entsteht ein Streit, weil in der Schule oder auch zu Hause ganz unterschiedliche Bedürfnisse und Interessen aufeinanderprallen. Die einen wollen unbedingt auf Klassenreise gehen, die anderen auf gar keinen Fall. Und nun? Man kann in solchen Situationen versuchen, einen Kompromiss zu schließen.

1. Man erzählt sich gegenseitig, was man gern möchte und warum.
2. Man überlegt, ob und wie jeder ein Stück auf den anderen zugehen kann, damit man sich in der Mitte trifft. Beispiel: Einer will auf Klassenreise, weil er so gern mal eine Woche von zu Hause weg sein möchte. Der andere findet eine Woche viel zu lang. Ein Kompromiss könnte sein, dass man für ein längeres Wochenende wegfährt.

3. Man probiert verschiedene Kompromisse aus. Ein guter Kompromiss ist gefunden, wenn alle Beteiligten sich damit wohlfühlen. Manchmal ist das etwas mühsam oder dauert ziemlich lange, aber es lohnt sich, dabei geduldig zu sein. Denn wenn man einen Kompromiss gefunden hat und alle glücklich damit sind, dann entsteht eine tolle und fröhliche Stimmung, weil jeder sich wohlfühlt.

Was tun, wenn jemand wütend ist?

Das kommt natürlich auf die Situation an und auch darauf, warum jemand wütend ist. Wenn ein Junge beleidigt worden ist und deshalb ausrastet, dann kann es ihn schon beruhigen, wenn sich die anderen bei ihm entschuldigen. Manchmal ist aber auch jemand total sauer und kann vielleicht gar nicht genau sagen, wieso und warum. In solchen Momenten hilft es manchmal auch, wenn andere denjenigen ablenken, indem sie ihn einfach fragen, ob er vielleicht weiß, wie spät es gerade ist oder ob er schon die Hausaufgaben in Englisch gemacht hat …

> Wenn ich so richtig wütend bin, dann atme ich immer ganz tief in meinen Bauch rein, das hat mir mein Trainer beim Judo beigebracht. Das hilft mir, mich abzuregen. Wenn man ruhiger ist, kann man nämlich die Lage viel besser beherrschen, sagt mein Trainer immer. Deshalb sagt er, wir sollen uns möglichst nicht in unsere Wut reinsteigern, auch wenn wir noch so sauer oder beleidigt sind. Na ja, ist nicht so einfach … Aber auch in solchen Momenten hilft mir manchmal mein Pokerface …

Und wenn die Tränen kommen?

Kommt drauf an. Wenn man allein zu Hause in seinem Zimmer ist und die ganze Welt zum Heulen findet, kann man auch als Junge ruhig mal richtig weinen – das tut nämlich ab und zu wirklich gut, und hinterher geht es einem viel besser.

Aber vor der ganzen Klasse möchte man natürlich nicht unbedingt weinen – egal, ob man ein Junge oder ein Mädchen ist. Das kriegt man ja in einem Jahr noch reingerieben! Wenn du schon so ein komisches Gefühl im Brustkorb oder im Hals spürst, weil deine Tränen hochkommen, dann probier einfach mal Folgendes:
- Setz dein Pokerface auf.
- Atme ruhig und tief ein und wieder aus, dann staut sich das komische Gefühl nicht in deinem Körper.
- Lenke deine Aufmerksamkeit weg von den anderen hin in die Ferne und blinzele ein paarmal so, als ob die Sonne dich gerade blendet.
- Du kannst auch so tun, als ob du etwas im Auge hast, und ganz cool um ein Taschentuch bitten, weil ja deine Augen nur tränen, damit der blöde Fremdkörper aus deinem Auge herausgespült wird.

Wenn etwas wirklich Schlimmes passiert ist und einem nur noch zum Weinen zumute ist, dann kann man aber auch ruhig vor den anderen zu seinen Gefühlen stehen und die Tränen kullern lassen. Das zeigt ja den anderen auch, wie es einem gerade geht, und gibt ihnen die Möglichkeit, Hilfe und Trost anzubieten.

Ich musste mal ganz doll vor allen anderen weinen, als ich mir beim Judo tierisch wehgetan habe. Dann hat sich der älteste und coolste Typ aus dem Training neben mich gesetzt und gesagt, dass ihm genau das auch schon mal passiert ist und dass er ganz genau weiß, was bei mir gerade abgeht. Das hat mir gutgetan, zu hören, dass er damals auch geheult hat, da ging es mir gleich ein bisschen besser, obwohl die Schmerzen immer noch tierisch waren …

Angst –
und wozu sie eigentlich gut ist

Bestimmt hast du schon mal Angst gehabt, oder? Angst ist ein Gefühl, das ziemlich unangenehm sein kann. Wenn man richtig Angst hat, klopft einem das Herz fast bis zum Hals, und man bekommt so ein flaues Gefühl in der Magengegend. Außerdem funktioniert das Gehirn nicht mehr richtig gut, sondern man kann sich oft nur noch auf eine Sache konzentrieren, und alles andere um einen herum ist wie weg: Man bekommt so eine Art Tunnelblick. Der ganze Körper ist in Alarmbereitschaft.

Weißt du, wieso das so ist? Angst ist ein uraltes Gefühl, das wir von unseren Vorvorvorfahren geerbt haben. Damals gab es noch Säbelzahntiger und andere wilde Tiere, vor denen sich die Menschen manchmal in Sekundenschnelle in Sicherheit bringen mussten. Die Angst hat ihnen dabei geholfen, erfolgreich zu kämpfen oder schnell genug zu flüchten!

Der Tunnelblick sorgt dafür, dass wir alles Unwichtige ausblenden und uns nur auf die Gefahr und deren Bewältigung konzentrieren. Unser Herz klopft schneller, damit unser Körper gut mit Energie versorgt wird und wir alle wichtigen Muskeln anspannen können. Dann entscheiden wir, ohne lange darüber nachzudenken, ob wir kämpfen oder lieber fliehen – und beides ist vollkommen in Ordnung. Angst ist ein Gefühl, das uns Menschen schon seit Jahrtausenden immer wieder das Leben gerettet hat.

So gesehen ist Angst gar nicht schlecht, sondern eigentlich sogar ein positives Gefühl, vor dem man gar keine Angst haben muss. Angst ist dazu da, uns bei Gefahr zu alarmieren und zu retten.

Wenn du das nächste Mal vor etwas Angst hast, zum Beispiel vor einer bestimmten Aufgabe oder Prüfung in der Schule, dann sag dir einfach, dass die Angst dir hilft! Sie macht dich besonders stark und aufmerksam, und auch wenn dein Herz klopft, als ob du gerade einen Säbelzahntiger getroffen hättest, kannst du die Aufgabe oder Prüfung bestehen. Hinterher, wenn man seine Angst überwunden hat, fühlt man sich dafür dann stark und glücklich.

Dumm gelaufen – und nun?

Was machst du beziehungsweise würdest du wohl machen, wenn dir etwas richtig Blödes passiert? Ziehst du den Kopf ein und gehst in Deckung? Oder bist du mutig genug, um die Verantwortung dafür zu übernehmen? Mit den folgenden Fragen kannst du dein Verhalten überprüfen. Antworte einfach mit Ja oder Nein.

Ist dir schon mal etwas Peinliches oder Blödes passiert?	ja 1	nein 0
Würdest du so tun, als sei nichts gewesen?	ja 0	nein 1
Sprichst du die Panne an?	ja 1	nein 0
Versuchst du, die Angelegenheit zu vertuschen?	ja 0	nein 1

Sprichst du mit jemandem darüber, was passiert ist?	ja [1]	nein [0]
Kannst du drüber lachen?	ja [1]	nein [0]
Fühlst du dich oft hilflos?	ja [0]	nein [1]
Wirst du sauer auf dich selbst?	ja [0]	nein [1]
Schimpfst du mit dir selbst?	ja [0]	nein [1]
Findest du, dass meistens die anderen schuld sind?	ja [0]	nein [1]
Fängst du sofort an, dich zu verteidigen?	ja [0]	nein [1]

Zähle jetzt einfach zusammen, wie viele Punkte du hast.

Punktzahl: ☐

9 bis 11 Punkte
Gratulation, du übernimmst Verantwortung für das, was passiert ist. Du versuchst nicht ängstlich, etwas zu vertuschen oder dich selbst zu verstecken, sondern du kannst die Angelegenheit meistens klären. Mach weiter so!

6 bis 8 Punkte
Prima, dein Pannen-Management ist okay. Im Großen und Ganzen kommst du gut damit zurecht, wenn irgendetwas dumm gelaufen ist – für dich bricht deshalb nicht gleich die ganze Welt zusammen. Gut so, denn ein Missgeschick kann schließlich jedem mal passieren!

0 bis 5 Punkte

Du kannst noch was dazulernen. In blöden oder unangenehmen Situationen ist es meistens hilfreich, ehrlich zu sein. Denn in der Regel steckt ja keine böse Absicht dahinter, wenn etwas schiefgegangen oder dumm gelaufen ist, sondern so eine Panne passiert eben einfach! Eigentlich kann niemand etwas dafür, es gibt also keine Schuldigen. Deshalb sollte man eine Panne auch lieber nicht vertuschen, sondern jemandem davon erzählen, dem man vertraut.

> Wenn mir etwas Blödes passiert ist, warte ich meistens, bis mein Vater von der Arbeit kommt und wir Abendbrot essen. Dann erzähle ich, was los war. Meine Mutter regt sich nicht so schnell auf, wenn mein Vater dabei ist. Und meine Geschwister können zu mir halten.

Okay, wenn ich Mia das nächste Mal beim Einkaufen mit ihrer Mutter treffe, dann sage ich einfach mal »Hallo« zu ihr, mehr muss ich ja gar nicht tun. Ist doch alles ganz easy ...

Schöne Gefühle ...

Es gibt jede Menge schöne Gefühle. Zum Beispiel, wenn etwas sehr Lustiges passiert ist und man deshalb so richtig lachen muss. Oder wenn man gewonnen hat, weil man alles richtig gemacht hat. Gut fühlt sich auch an, wenn man Anerkennung von anderen bekommt. Wenn die Eltern, ein Freund oder auch die Lehrerin oder der Trainer sagen: »Das hast du richtig gut gemacht!«, dann ist man stolz, und das ist ein schönes Gefühl.

Natürlich freut man sich auch tierisch, wenn man unbedingt etwas haben wollte, sich schon ganz lange etwas gewünscht hat, und dann geht es auf einmal in Erfüllung. Auch das ist dann einfach traumhaft schön!

Bestimmt fallen dir noch andere Beispiele ein. Hier ist noch eins: Wenn man ein Mädchen toll findet, fühlt sich das meistens auch ziemlich gut an. Dann ist man gleichzeitig meistens auch ziemlich aufgeregt oder vielleicht auch ein bisschen unsicher. Das ist dann ein ganz schöner Gefühlsmix.

Was kann man eigentlich alles machen, wenn man ein Mädchen gut findet? Auf jeden Fall kann man ihr zulächeln, wenn man sie trifft – und sich freuen, wenn sie zurücklächelt. Man kann ein Gespräch mit ihr anfangen und sie zum Beispiel fragen, was sie am Wochenende gemacht hat; oder ob sie Tiere mag/ein Haustier hat; oder welche Süßigkeiten sie am liebsten isst. Und wenn man dann mutig ist, kann man sie in den nächsten Tagen sogar mir ihren Lieblingssüßigkeiten überraschen ...

Mädchen freuen sich natürlich auch, wenn man ihnen Komplimente macht. Wie das geht? Am besten überlegt man sich, was einem an dem Mädchen richtig gut gefällt – zum Beispiel die Haare, die so schön glänzen, oder ihr cooles Lederarmband ... Dann könnte man zum Beispiel sagen: »Du hast ein cooles Armband um, wo hast du das denn her?« Aber nur, wenn man das Armband auch wirklich selbst schön findet. Mädchen merken nämlich, ob ein Kompliment ernst gemeint ist oder nicht.

Schüchtern??? Ärgere dich nicht darüber, dass dir »nur Schwachsinn« einfällt, wenn du in ihrer Nähe bist, sondern nimm es als Zeichen, dass du sie wirklich interessant findest.

Wenn du mit einem Mädchen ins Gespräch kommen willst, gilt vor allem eins: Du musst nicht perfekt sein und auch keine Riesenshow abziehen!!! Mädchen finden Jungs, die sich wie größenwahnsinnige Gockel aufführen, meistens ziemlich doof. Es kommt auch gar nicht so sehr darauf an, was du sagst, sondern vor allem, wie du es sagst! Wenn es ehrlich gemeint ist, dann kommt es meistens auch gut an.

Kann ich nett sein?

Ist eigentlich gar nicht so schwer, nett zu sein, oder was meinst du? Hier kannst du es testen.

Deine kleine Schwester/Ein kleines Mädchen fragt, ob du sie auf der Schaukel anschubsen kannst.
2   Na klar mache ich das.
1   Nein, das ist mir zu anstrengend.

Ein Mädchen aus deiner Klasse friert, weil sie auf dem Ausflug ihre Jacke verloren hat.
2   Ich leihe ihr meine Jacke.
1   Ich sage, dass sie mir leidtut.

Deine Mutter bittet dich, schnell noch Milch zu holen.
2 Das mach ich.
1 Ich sage, dass ich leider noch Hausaufgaben machen muss.

Zwei Jungs aus deiner Parallelklasse ärgern einen Kleinen.
2 Ich sage, sie sollen ihn in Ruhe lassen.
1 Ich find es nicht gut, aber er muss lernen, sich allein zu wehren.

Neben euch wohnt ein alter Mann, und du triffst ihn zufällig im Bus.
2 Ich gehe mit ihm zusammen von der Haltestelle nach Hause.
1 Ich laufe, so schnell es geht, weg, als der Bus hält.

In eurer Klasse fehlen plötzlich zwei Stühle.
2 Ich mach mich auf die Suche, wo sie sind.
1 Ich schnappe mir noch schnell den letzten, der frei ist.

Die Lehrerin fragt, ob es einen Freiwilligen gibt, der dem Neuen in eurer Klasse die Schule zeigt.
2 Ich melde mich.
1 Ich melde mich nicht.

☐ Auswertung

Zähl zusammen, wie viele Punkte du hast, trag sie in das Kästchen ein und lies unten nach, wie nett du sein kannst.

Punktzahl: ☐

Ich hab 12 Punkte – wow, hätte ich gar nicht gedacht, so oft, wie meine Eltern und Lehrer mit mir herummeckern. Ja, Mama, ist ja schon gut, ich räume mein Zimmer heute noch auf jeden Fall auf ... Äh, vielleicht ... wenn ich es schaffe ... also, versprechen tue ich es lieber nicht ...

11 bis 14 Punkte: Du kannst sogar sehr nett sein

Du bist jemand, der gern etwas Gutes oder Nettes für andere macht. Wenn du nett bist, dann geht es dir gut und den anderen, zu denen du nett warst, auch. Das macht dich sehr sympathisch! Pass aber auf, dass die Leute dich nicht ausnutzen!

7 bis 10 Punkte: Du kannst nett sein

Du bist höflich und merkst, wenn jemand Hilfe braucht, aber manchmal fehlt dir vielleicht der Impuls, dann auch wirklich nett zu sein und tatsächlich etwas Gutes zu tun. Probier es in Zukunft einfach mal aus, wie es ist, wenn du nett bist. Du wirst sehen, dann ist plötzlich alles leichter, weil nämlich viele Leute, zu denen du nett warst, dann auch zu dir nett sein werden.

Das bin ich!

Gesamtauswertung: Alle Tests im Überblick

Hier kannst du dir noch mal einen Überblick über alle deine Testergebnisse verschaffen – sie zeigen dir, dass du alles in allem ein echt cooler Typ bist!

> Und wenn du das jetzt nicht glauben willst, dann liegt das nur daran, dass es noch nicht alle gemerkt haben, wie cool du bist. Aber glaub mir, das war bei mir genauso, das wird sich bestimmt demnächst ändern ...

Unterstreiche oder markiere alle Ergebnisse, die auf dich zutreffen!

Test 1: Welche Talente hast du?
- [ ] Ich hab Köpfchen!
- [ ] Ich bin kreativ!
- [ ] Ich bin sportlich!
- [ ] Ich habe viele ungeahnte Talente!

Meine besondere Talent-Liste

Trag hier deine Top 3 ein ...
1.
2.
3.

Test 2: Wie wirkst du auf andere?
- [ ] offen und kontaktfreudig
- [ ] freundlich und ruhig
- [ ] zurückhaltend und verschlossen

> **Meine Schokoladenseiten**
>
> Trag hier deine Top 3 ein ...
> 1.
> 2.
> 3.

Test 3: Schüchtern oder cool – was für ein Typ bist du?
- [ ] Ich bin schüchtern und geheimnisvoll.
- [ ] Ich bin cool, witzig und stehe gern im Mittelpunkt.
- [ ] Ich bin unkompliziert.

Test 4: Bist du ein guter Freund?
- [ ] Ich bin ein Ritter.
- [ ] Ich bin ein Drache.
- [ ] Ich bin ein Rivale.
- [ ] Ich bin ein Mix-Typ aus _____ .

Test 5: Wirst du schnell auf deine Geschwister eifersüchtig?
- [ ] Ich werde schnell eifersüchtig.
- [ ] Ich bleibe gelassen.

Test 6: Teamplayer oder Anführer – was für ein Typ bist du?
- [ ] Ich bin ein guter Beobachter.

- [ ] Ich bin ein Teamplayer.
- [ ] Ich bin ein Anführer.

Test 7: Wie hältst du's mit deinen Hausaufgaben?
- [ ] Ich bin ein Schneller und Zielstrebiger.
- [ ] Ich bin ein Chaot und brauche ein bisschen Druck.
- [ ] Ich bin ein Nachdenker und kann mich nicht so gut entscheiden.
- [ ] Ich bin ein Perfektionist, der gern alles genau richtig macht.
- [ ] Ich bin ein Bummler und brauche feste Regeln.

Test 8: Was treibt dich an?
- [ ] Publikum
- [ ] Meine Eltern
- [ ] Stress und Angst
- [ ] Engagement
- [ ] Unabhängigkeit

Test 9: Dumm gelaufen – und nun?

- [ ] Ich übernehme Verantwortung.
- [ ] Mein Pannen-Management ist okay.
- [ ] In Zukunft stehe ich dazu, wenn mir etwas passiert ist.

Test 10: Kannst du nett sein?

- [ ] Ich kann sogar sehr nett sein.
- [ ] Ich kann nett sein.

Härris Nachtrag – ein Jahr später

Hey, wie geht's? Also, mir geht's gut. Ich werde demnächst 14 Jahre alt. Im letzten Jahr ist eine Menge passiert. Im Judo bin ich jetzt in eine andere Trainingseinheit gerutscht – ist viel cooler da, aber auch anstrengender. Trotzdem gehöre ich nach wie vor zu den Besten. Im Fußball läuft es mittlerweile auch gar nicht mehr sooo schlecht. Ab und zu schieße ich aus Versehen sogar ein Tor. Und ich werde jetzt nicht mehr als Letzter in die Mannschaft gewählt. Aber selbst wenn es so wäre, wär mir das eigentlich auch echt egal.

Ach ja, meine kleine Schwester ist auch größer geworden. Endlich hört sie nicht mehr diese schreckliche Prinzessinnen-Tanz-CD. Und sie heult zum Glück auch nicht mehr bei jeder Gelegenheit.

Mit Mia war ich vor Kurzem das erste Mal allein im Kino, und sie hat kurz meine Hand genommen, als es gerade ganz spannend war. Danach hat sie sich an meinen Arm gelehnt. Ich glaube, wenn wir das nächste Mal ins Kino gehen, küssen wir uns. Wenn ich mich traue ...

Komischerweise sind mir meine Eltern im Moment gar nicht mehr so peinlich – vielleicht, weil ich älter geworden bin. Oder weil meine Eltern älter geworden sind ... Ist ja auch nicht so wichtig. Mein Bruder Felix ist jetzt mit der Schule fertig und macht ein Freiwilliges Jahr im Ausland. Manchmal vermisse ich ihn, aber meistens bin ich froh, dass er mich nicht mehr so ärgern kann.

Und Gilbert? Ist nach wie vor der Beste! Vor Kurzem hat er zum ersten Mal ein Stöckchen geholt und zurückgebracht. Meine Eltern meinen, Gilbert wird jetzt langsam auch erwachsen ... Ich glaube, da haben sie recht.

Karsten Khaschei, 1961 in Hannover geboren, ist Diplom-Psychologe und Autor. Nach seinem Studium arbeitete er viele Jahre als Redakteur und Reisejournalist. Da er Abenteuer und Bewegung über alles liebt, war er zwei Jahre lang auf Weltreise. Heute lebt Karsten Khaschei in Hamburg und ist neben seiner journalistischen Arbeit erfolgreich als Sachbuchautor im Bereich Gesundheit und Familie tätig, in seiner Freizeit engagiert er sich in der Kinder- und Jugendarbeit.

Max Fiedler, aka Mexer, lebt und arbeitet als selbstständiger Illustrator und Grafiker in Düsseldorf. Seine Liebe gilt in erster Linie der Zeichnung, er findet sich aber auch mit Pixeln und Vektoren zurecht. Mexer ist oft bei gemeinsamen Projekten im Netz anzutreffen, die sich das www zunutze machen. Eine große Leidenschaft von Mexer sind Flash-Spiele, die er in Eigenproduktion mit einem befreundeten Programmierer ent-

wickelt. Seit 1999 ist er fester Bestandteil der Düsseldorfer Comic-Gruppe »Herrensahne«. Die Gruppe veröffentlicht das »Herrensahne«-Comic zweimal im Jahr im Eigenverlag und ist auf zahlreichen Ausstellungen und Comic-Festivals anzutreffen.